2021 年青岛市社科规划项目：

青岛市红色文化软实力发展研究，项目号：QDSKL2101146

山东文化软实力研究

韩　梅◎著

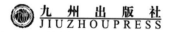
九 州 出 版 社
JIUZHOUPRESS

图书在版编目(CIP)数据

山东文化软实力研究/韩梅著.--北京:九州出
版社,2023.3

ISBN 978-7-5225-1713-1

Ⅰ.①山… Ⅱ.①韩… Ⅲ.①文化事业－研究－山东
Ⅳ.①G127.52

中国国家版本馆 CIP 数据核字(2023)第 049902 号

山东文化软实力研究

作　　者	韩　梅　著
责任编辑	石增银
出版发行	九州出版社
地　　址	北京市西城区阜外大街甲 35 号(100037)
发行电话	(010)68992190/3/5/6
网　　址	www.jiuzhoupress.com
电子信箱	jiuzhou@jiuzhoupress.com
印　　厂	北京市北方华天彩色印刷有限公司
开　　本	787 毫米×1092 毫米　16 开
印　　张	9.5
字　　数	239 千字
版　　次	2023 年 3 月第 1 版
印　　次	2023 年 3 月第 1 次印刷
书　　号	ISBN 978-7-5225-1713-1
定　　价	78.00 元

前　言

　　泰山从这里崛起,黄河从这里入海,孔子从这里诞生,这就是山东予人最深刻的第一印象。

　　山东是中华文明的重要发祥地之一。人类在齐鲁大地活动的历史可以上溯到 40 万年以前的远古时代。闻名于世的北辛文化、大汶口文化和龙山文化,都以大量的远古遗存证实了史前海岱地区人类文明成果之富集。春秋战国时代的山东更是人文鼎盛、学术争鸣的思想文化中心,孔子、孟子、墨子、孙子、管仲、晏婴等灿若星河的古圣先贤,辉映齐鲁大地,光照华夏千秋。他们创立的学术思想不仅成为齐鲁文化的重要组成部分,也是中国传统文化的瑰宝和精华。孔子创立的儒家思想更是影响了中国社会 2000 多年,并产生了深远的世界影响。

　　山东是经济大省,也是文化资源大省。省委、省政府明确提出了建设经济文化强省的宏伟目标,把文化强省建设同经济强省建设摆到了同等重要的战略位置,文化建设的新高潮在全省逐步兴起。孔子文化、齐文化、泰山文化、海洋文化、泉水文化、黄河文化、红色文化、运河文化等定位准确、特色鲜明的文化品牌建设将使古老的齐鲁文化日益焕发时代光彩。

　　青岛有着"东方瑞士"的美称。青岛市对于山东省而言更像是文化及文化产业输出的名片,它是山东的一个重要财政收入来源,它的旅游业特别发达,带动着整个青岛经济的发展。青岛文化的软实力加强了山东省文化产业的硬实力,带动了山东文化软实力的发展。青岛的文化特质也使得它将文化与旅游业、文创业融合发展,实现"文化发扬起来"、文化走出去的目的。

　　基于上述原因,笔者以山东的文化特质为基础研究了山东文化的多元化;以点带面,研究了以青岛市为例的山东文化,对青岛的文化特点、红色文化、渔文化以及旅游民俗文化进行了探讨;通过对山东省文化产业的分析,以青岛市为例研究了山东文化产业竞争力以及山东青岛城市文化特色的文创产品开发与应用;通过文化与产业融合的视角,研究了文化与新型城镇化融合;充分发挥文化的引领能力以及文化贸易与文化交流;研究了如何扩大齐鲁文化的世界影响力;最后探讨了山东省文化产业在实现中国梦的道路上该如何稳步、快速前进。

　　本书为山东省经济文化强省建设提供了重要决策参考,在服务省、市、县各级领导决策方面发挥了良好的作用,为科研机构、企业、高校等社会公众系统地研究山东文化改革发展提供了理论依据和决策参考,为文化产业的各参与者提供参考,为未来的产业决策提供依据,为促进山东省文化产业的良性可持续发展贡献一份力量。

在撰写过程中,我们既对前辈学者的研究成果有所参考和借鉴,也注重将自身的研究成果充实于其中。在此,向其他作者致以诚挚的谢意。

由于作者学术、文化水平的局限性,书中难免存在不足之处,敬请广大读者、学术研究者批评与指正。

2021 年 12 月

目 录

第一章　别样山东

山东,到底是什么样子的?

是日出先照之地,是齐鲁沃土,是海岱圣地,是"一山一水一圣人",是"好客山东",是沂蒙红色传承,是"青未了",是黄河入海……

有太多的角度去解读山东,这一次,我们想选一个不一样的角度,告诉你一个熟悉却又不一样的山东。

在山东绵长的海岸线上,先民们"靠海吃海",从渔猎到渔盐,再到通达四海。中原文化与东夷文化的碰撞,最终成就了开放而务实的齐文化。

在齐鲁两大文化的"夹缝"中,同样源自泰沂山脉的沂河,在蒙山之中穿行,却因蒙山的山高路远,千余年间,孤独而诗意地流淌。直到近代,沂蒙红色文化的崛起才让这方山水成为中国文化的又一峰。

五百多年前,当人类之力足以与自然之力博弈,大运河产生了。自鲁南到鲁西北,运河给这片文化兴盛而经济相对乏力的沃土带来了改变。繁忙的商贸往来,掀起了快速而有效的造城运动。

而黄河,这条中华民族的母亲河,在数千年的时间里与山东"若即若离",直到19世纪,才真正开启对齐鲁沃土的改造,成就了共和国最年轻的土地。

至此,山、海、河所有元素全部汇集完毕,今天的山东终于完整地展示在我们面前。

第一节　蓝色青岛

如果用一种颜色定义城市青岛,那一定是"蓝色"。百年发展中,蓝色海洋与这座城市同生共长、同频共振,共同谱写了一曲向海图强的壮丽蓝色乐章。

青岛市拥有817公里的海岸线,滩净湾美。青岛市已形成山东省最大规模的海洋牧场产业集群,孕育着丰饶"蓝色粮仓"。近年来,"国字号"海洋科研创新平台接踵落户青岛市,使青岛成为集聚高端创新资源,国际领先的海洋科技创新策源地。青岛市更坐拥世界第六大综合性港口,逐渐构建形成陆海内外联动、东西双向互济的开放格局。蛟龙号、海龙号、潜龙号……诸多大国重器从青岛市驶向全球,引航海洋未来……青岛,这座依海而生、向海而兴的城市,处处透显着海洋经济高质量发展的蓬勃活力。

进入被称作"海洋世纪"的21世纪,在建设海洋强国的战略指引下,青岛将城市定位在全球更大的视野下,持续开辟更具核心竞争力和国际影响力的新空间。从西海岸到蓝谷,从胶东经济圈一体化到建设全球海洋中心城市,围绕海洋产业、海洋港口、海洋科技、对外开放、海洋生态、海洋文化等六大主攻方向,青岛正在新时代经略海洋的大潮中步步深耕,涌向深蓝。青岛在2011年还被定位为山东半岛蓝色经济区核心区的龙头城市。

一、青岛海洋文化的特点

全国沿海的各大中城市,都有其因海而兴的历史,然而又都各具特色。青岛的历史文化在许多层面和意义上来说,就是海洋文化。青岛的海洋文化历史悠久,源远流长,资源丰富,独富特色。青岛既发扬了海洋文化的历史传统,又有中外海洋文化的交流融汇,还有海洋科技教育、海洋产业、海洋运输和海洋商贸经济等集结一体,人们的海洋观念、海洋意识相对来说比较强烈,这是青岛在发展海洋经济的同时发展海洋文化的独特优势。

一是从历史上来看。青岛及其所在的山东半岛是东夷海洋文明的故乡,春秋"海王之国"齐国的要地,琅琊(今属青岛)曾是见诸史载的最早的海港,这里的海域作为海市蜃楼的多发区,是"蓬莱仙境"所在,曾是秦皇汉武东来巡海的屡经之处,是徐福东渡、箕子去国、殷人东渡的始点和连接朝鲜半岛、日本列岛的海上丝绸之路的最早繁荣之地,登州港、莱州港、密州港(今属青岛)是古代全国尤其是北方的主要对外海上交通枢纽。无论从考古学的海洋文化遗址发现来看,从道教的产生和传播来看,从秦皇汉武的东游寻仙来看,从本地的语言文学艺术传统、民俗信仰心理和生活文化遗存来看,还是从本地与东南沿海、辽东半岛、朝鲜半岛以及日本本土及其群岛的海上文化交流和影响来看,青岛的地理优势都是巨大的。

二是从近现代来看。这里还是我国历代海上反侵略的战场,也是近现代西方殖民者打开中国国门,同时客观上促进了东西方文化交流的主要地区之一。青岛曾被视为"德国的香港",这里承受过太多的海上异族文化带来的耻辱,同时也为我们今天反过来主动对外开放、主动吸引"海外来人"提供了中外文化融汇的基础。青岛的港口,青岛的城建,青岛的工商业,青岛的服饰和饮食,青岛的文学艺术、文化教育,包括大学的兴建,国内外知名学者、作家的寓居等,这一切社会文化现象,都充分显示出了青岛文化的"海味"。

三是从青岛文化现状来看。青岛之所以成为全国最早的沿海开放城市之一,成为国内外可数的工、商、贸、文教、旅游名城,成为山东省经济发展的龙头城市,成为国际社会看好的投资热土,无不得力于青岛独具的东方式蓝色海洋文化优势。人们称青岛是"东方威尼斯",人们赞赏青岛的绿树、红瓦、碧海、蓝天,人们来青岛必游栈桥,必游八大关,必游崂山,夏季必洗海澡,四季必喝啤酒、必尝海鲜,人们对青岛的喜爱和向往,并不仅仅因为青岛是一个发财之地,甚至并不仅仅因为青岛是一个海洋科技城、海洋产业城,而更是因为青岛是一个海洋文化城,一个国际海洋文化名城。

蓝色文化是指人类在社会历史实践过程中受海洋文化的影响所创造的物质财富和精神财富的总和。青岛蓝色文化是传承海洋文化、与蓝色经济互为表里的文化形态,保护并利用好海洋文化遗产对蓝色文化的传承与建设有着重要的意义,挖掘并合理开发利用海洋文化遗产以促进蓝色文化建设,已成为青岛市可持续发展并进一步繁荣的一项紧迫的议题。

关于海洋文化遗产与蓝色文化建设的问题,一些学者从不同角度进行了研究,得出了很多有价值的成果。但从总体上看,一些研究成果虽然也涉及青岛的海洋文化遗产,如《山东海疆文化研究》《青岛市非物质文化遗产的传承与保护》《青岛非物质文化遗产旅游开发研究》等,但仅限于从历史文化角度研究海洋文化的源流,或者侧重于非物质文化遗产的研究,而对青岛海洋文化遗产的内涵和主要特征等一些基本问题未做科学的界定,也缺乏与青岛相结合的实证研究,特别是缺乏针对建设具有鲜明青岛特色的蓝色文化而提出的与时俱进的观点和理念。对此,本书拟做一些补白性和拓展性的研究。

二、保护并利用好海洋文化遗产对青岛蓝色文化建设具有重要意义

保护并利用好海洋文化遗产有利于提升蓝色文化建设的经济价值,促进青岛的可持续发展。新生产力理论认为,文化作为一种特定的力量具有激发力、导向力、感通力三个作用。激发力赋予经济以活力,导向力赋予经济以价值,感通力则赋予经济以组织效能。良好的文化建设为经济发展提供强大的动力支持,文化发展或遗产保护做得好,能对经济产生持续带动作用。事实上,以海洋文化遗产为依托的文化产业,如海洋旅游、海洋娱乐、科技博览和海洋文化艺术活动等,已经成为一项新的经济增长点,能带来丰厚的经济利益。文化遗产的等级愈高,其吸引力愈强,所带动的消费愈多,经济效益就愈好。

保护并利用好海洋文化遗产有利于提升蓝色文化建设的社会价值,促进和谐青岛的构建。积极主动挖掘海洋文化遗产的社会价值,加强对海洋文化遗产的继承与保护,可以增强群众对城市的文化认同感。文化是一种意义和智力系统,是群体统一的逻辑基础,认同叙事可以选择与群体成长密切相关的文化特质进行重构,强调其在文化体系中的首要性,进而建构认同象征。海洋文化遗产中的传统表演艺术、民俗活动及其相关文化空间是历史文化认同的重要依据,体现了人们的精神追求,是今天构建和谐蓝色文化的重要元素。

保护并利用好海洋文化遗产有利于提升蓝色文化建设的文化内涵,促进先进文化的传播。蓝色文化建设的过程,就是吸收借鉴世界优秀文化成果,以传承中华文化优秀传统为基础,通过不断创新,努力形成具有鲜明地区特色的先进文化的过程。海洋文化遗产是青岛文化优秀品格的重要载体,这些遗产是人们从事现代生活的人文历史参照,是人们现代精神文化艺术创造与享受的历史文化底蕴,在促进形成具有鲜明地域特色的蓝色文化中具有独特

作用,有助于先进文化的进一步传播。

三、加强对青岛海洋文化遗产的保护与利用,推动蓝色文化建设

(一)加大投入,完善海洋文化遗产传承网络

1. 加大投入,发挥政府的主导作用

文化遗产是传统文化的重要载体,有着很高的文化价值、科学价值和艺术价值。各级政府应从政策、资金等方面加大保护力度,传承和利用好海洋文化遗产,保证有的放矢、专款专用。坚持以政府为主导,建立稳定的海洋文化遗产投入机制,建立符合文化发展规律的海洋文化资源合理开发利用机制,确保用于海洋文化遗产的经费稳定增长,确保海洋文化遗产的开发利用有相应的制度扶持和资金援助。对于不能有效保护海洋文化遗产的地方政府,应追究分管领导的责任。

2. 加强海洋文化遗产宣传,提高海洋文化的社会认知度

一是通过互联网宣传,如在青岛市各级文化部门的网站上开设海洋文化遗产专题,建立海洋文化遗产数据库,使之做到内容翔实、真实科学,以便人们及时了解海洋文化遗产动态和各项文化政策;二是通过电视媒体宣传,如在青岛电视台有关频道开设海洋文化节目,以此来宣传海洋文化遗产;三是通过报刊宣传,如创办宣传海洋文化遗产的主流刊物,在《青岛都市报》《青岛早报》和《青岛晚报》等报刊开设海洋文化遗产专题;四是将已出版的有关本土海洋文化遗产的书籍、影碟通过多种渠道向广大民众推荐。

3. 加强海洋文化遗产教育

应建立系统完善的海洋文化遗产教育体系,通过幼儿教育、中小学教育等基础教育对市民进行海洋文化遗产的保护与传承的引导。通过干部教育使各级干部在其知识结构和思想意识中具备本土海洋文化遗产知识和观念;通过高等专业教育培养专门人才,加强对教师的在岗培训,提高教师在海洋文化遗产方面的文化素养。总之,通过广泛的社会教育,使对海洋文化遗产的保护、传承与发展逐步成为公众的自觉行动。

(二)注重引导,以多元主体参与青岛海洋文化遗产保护与利用

1. 鼓励传承,充分发挥民间自身力量

青岛市在1994年被国家授予历史文化名城的称号,2008年该市制定的《关于实施文化强市战略推动文化发展大繁荣的意见》明确将其定位为滨海现代文化名城。作为滨海城市,青岛市的海洋文化遗产内容丰富、底蕴深厚,但政府财力有限,不能完全依赖政府出资保护与开发,还要开辟其他渠道。应积极鼓励和支持大型文化企业、民营企业、非营利性民办机构如文化类基金会、社团等民间力量进入海洋文化遗产的保护与开发领域。通过各种措施充分调动青岛民间艺人和相关组织的积极性,鼓励民间组织通过自身力量保护和传承青岛海洋文化遗产。

2.启动海洋文化遗产相关课题研究,扩大海洋文化的影响力

对全市海洋文化遗产进行全面、系统的普查与调研,重点对具有世界遗产价值的海洋文化遗产,如妈祖信仰及其天后宫、徐福东渡历史传说及其遗址、古港口、古航道、古文物遗迹等,进行较详细的综合调查,并在此基础上形成综合的和个案的调查研究报告,为保护和利用海洋文化遗产积累资料。建立专门研究机构"青岛市海洋文化遗产研究中心",为海洋学、考古学、文学、艺术学、社会学、旅游学和经济学等领域的专家学者与技术人员搭建交流平台,不断扩大海洋文化遗产的研究队伍,从而推动海洋文化研究向纵深发展,不断扩大海洋文化的影响。

四、整合海洋文化遗产资源,打造蓝色文化旅游品牌

(一)以独具特色的海洋文化遗产打造蓝色文化旅游目的地

青岛有丰富的海洋文化遗产,要坚持非物质文化与物质文化遗产相结合的原则,在历史街区的开发保护中善于借助物质文化遗产这一载体搭建各种海洋非物质文化遗产的展示平台,使整片历史街区有更加丰富的品质内涵,体现青岛滨海文化街区的厚重历史感。在"黄金海岸旅游"品牌的基础上,进一步与大连、烟台、威海等旅游区域协作,坚持以游客的需求为导向,针对不同游客的消费层次,把知识性、趣味性、娱乐性、参与性相结合,打造以"海洋军事""欧陆风情""蓝色文化"等为核心的海洋特色旅游品牌,使其成为国际知名的蓝色文化旅游目的地。

(二)充分利用奥帆赛资源,着力打造帆船休闲旅游品牌

有独特海洋特色的奥帆赛资源是不可替代的旅游资源,如果开发和利用得好就会形成独具特色的旅游业。青岛应该充分发挥奥帆赛资源的优势,加大宣传力度,做好帆船知识普及工作,普及帆船运动,积极推进帆船运动的大众化,瞄准体育健身与休闲度假相结合的旅游发展趋势,在景区推广亲近大海的帆船航海旅游,大力发展海上泛舟项目,推出趣味帆船赛、海上观赛、帆船知识竞赛等娱乐活动,使帆船休闲成为青岛海洋旅游业发展的龙头。

(三)积极发展国际海洋观光旅游

随着世界经济一体化与区域经济合作的发展,跨国旅游成为当今世界旅游发展的潮流。青岛市应该解放思想,树立危机意识与超前意识,借鉴国内外先进地区的成功经验,发挥海洋文化遗产优势,加大海洋文化遗产的宣传力度,大力发展跨国旅游事业。通过开辟联结日本、韩国、朝鲜等国的海上邮轮航线,打造文化、休闲、健身、度假与旅游相结合的国际性海洋观光航道。

五、加快发展海洋文化遗产创意产业,提升青岛蓝色文化竞争力

(一)制订切实可行的海洋文化遗产创意产业战略规划

根据发达国家和地区的经验,文化创意产业可以带来巨大的经济效益。青岛市应大力

发展海洋文化遗产创意产业,突出"青岛－海洋－蓝色"主题,把青岛的蓝色文化推向世界。政府应制订海洋文化遗产创意产业中长期战略规划,以科技为基础,加强对重点海洋文化产业的扶持,按照"不同遗产、特色发展、联动融合"的发展原则,根据不同的区市特点分布设置影视、建筑设计、动漫等不同的创意产业基地,打造海洋文化创意产业带。

(二)加强海内外合作与交流,打造海洋文化遗产创意氛围

青岛应以世界的眼光来审视海洋文明的发展历史,融"海洋文化、创意科技"为一体,创新文化产业的商业模式,发展体现青岛历史与文化特色的海洋文化产业,致力于打造具有国际影响的东北亚海洋文化创意产业交易中心,促进国内外海洋文化产业的交流与合作。由政府牵头成立青岛海洋文化创意中心,集政府、高等学校、科研机构、软件产业多方力量,共同营造和发展海洋文化创意产业,提升青岛蓝色文化的市场竞争力。同时,政府要时刻关注海洋文化创意企业的发展动向,及时为企业提供资金、制度等方面的保障;加大知识产权保护力度,规范市场秩序,为文化创意产业成长提供良好的市场生态环境;通过教育、培训和引进等途径,加强对自身文化创意产业人才的培养,吸引和激励国内文化创意产业人才在青岛创业。

六、发展特色加工业,提升青岛蓝色服务的质量水平

(一)挖掘遗产内涵,发展海洋特色饮食业

青岛市一、二、三产业呈"二三一"格局,不尽合理。餐饮业是服务业的重要组成部分,从回报角度看,餐饮业是一个投资少、风险小、见效快、回报高的产业。青岛应该挖掘海洋文化遗产,赋予海鲜产品以文化内涵,发展特色饮食业,形成像重庆火锅、山西面食、北京烤鸭这样的城市名片。

(二)挖掘遗产内涵,发展特色工艺品

据推测,中国 14 亿人中约有 6 亿人没有见过大海,有 95％的人向往大海深处的神奇世界,有 90.3％的人以拥有海洋工艺品而自得。青岛可以在城乡统筹的过程中,利用木质渔船制作工艺、贝雕制作工艺等,发展以贝雕、船模、沙画等为代表的有青岛特色的工业品,发展传统艺术、民间艺术和工艺美术,形成富有海洋特色和优势的美术产品系列,如海洋植物画和海洋动物画等。

第二节　红色胶东

任何一种文化的形成都是由其独特的自然环境、丰富的人文活动、深厚的历史积淀等诸多因素促成的。胶东文化是在胶东地区悠久的人类文明历史、特有的地理位置、经济和社会文化发展等因素的影响下,胶东人民创造发展、兼收并蓄、和谐包容中形成和发展起来的。

具有丰厚底蕴的胶东文化,一旦遇到了正确的理论指引、有了坚强的组织领导,就会迸发出灿烂的火焰,演绎出一种更为先进的文化形态,这就是胶东红色文化。

一、胶东红色文化的悠久人类文明历史基因

根据现有的考古资料,胶东大地上20万年前就出现了早期人类活动的迹象(蓬莱市大柳行镇河东姜家古化石区出土两件打制石器)。烟台市白石村文化(距今约7000年)遗址出土了四万多件陶器、石器、骨器碎片,见证了烟台人类文明的雏形,也证明了烟台是中华文明发祥地之一。白石村文化是莱夷文化的典型代表,是胶东文化最原始的基因,奠定了胶东文化后续发展的基础。

长岛北庄文化(距今约6500年)出现了大量的聚落文化遗址,鸟首鬶、鸟形鬶、人面泥塑等文物的出土证明胶东人类文明中文化深层次、观念性的精神因素。以蛋壳黑陶、种植水稻、制作铜镞等为特征的杨家圈文化(距今4000多年)更是彰显了人类文明特性。珍珠门文化(晚商西周早期)中胶东夷人所创造的文字的出现,标志着胶东已经完全进入了国际公认的"标准文明"时代。夏朝胶东出现了最早的封国——过国(今莱州城北)。在商朝商王治下之国——莱国(东莱、西莱),胶东被称莱夷(东夷)。周朝时莱国不服从周王朝的管辖,与"太公争国",后被齐灭而归齐。秦朝统一后设胶东郡,其后历经时代变迁发展至今日。

综上所述,胶东具有悠久的人类文明历史,是一个独立发展自成体系的古代文化区,胶东人在胶莱平原上从事各种人文活动,创造出了丰富的物质财富和精神财富,孕育了胶东人的灿烂文化。

二、独特的地理环境孕育了胶东文化的多元化特质

地理环境的差异性、自然资源的多样性是人类分工的自然基础,它造成各地域物质生产方式的差异,直接影响着各地域人群的生活方式与思维方式。胶东因地处胶莱谷地以东而得名。胶东人在长期社会实践活动中成功应对特有的地理环境挑战,创造出了具有自身独立品性和地域基因的胶东多元文化。

(一)狩猎文化

唐代颜师古注:"莱夷,三面濒海,皆为斥卤(盐碱地),五谷不生,适为放牧。"据历史学家郭沫若、范文澜等多数学者考证,莱国古都在龙口莱山北麓"归城"遗址。在烟台芝罘白石村、牟平蛤堆顶、海阳翁家埠等80多处均发现有贝丘遗址。[①]贝丘人居住地附近一般都有丘陵山地和茂密森林,依靠着大自然的赐予,他们采集野生植物、猎取动物为食。邱家庄遗址中发现了一件罕见的陶制古老吹奏乐器。据考证,它是由一种用于狩猎的"口哨"发展而来

---

① 刘焕阳,陈爱强.胶东文化通论[M].济南:齐鲁书社,2015:3.

的。最初,只是用哨发出鹿鸣一类的声音来吸引野兽,便于人们狩猎。

基于这样的生存环境,在长期的狩猎活动中孕育了胶东地域的狩猎文化,造就了胶东人团结合作、开拓创新、坚毅不屈的性格。

(二)海洋文化

胶东三面环海,北临渤海,东隔黄海与朝鲜半岛、日本列岛相望。胶东人近海而居、依海而生,这也使得他们成为最早进行海洋探索的先行者之一,有发达的造船业、捕捞业与航海业,是中国海洋文明的重要源头。他们不仅在滩涂中拾捡贝壳食用,还会捕捞。考古人员曾在贝丘遗址里面挖掘出了捕捞用的网坠、石球和鱼标,网坠的长度大约是6—11厘米,多系天然石块粗略加工而成。从考古发掘出土的鱼类骨骼分析,这里不仅有鲈鱼、黑鲷等近岸海生鱼类,还有真鲷等栖息海域较深的鱼类。

胶东芝罘早在春秋时期即为我国五大港口之一,自秦至唐时期,蓬莱就成为东渡朝鲜、日本的三大出海口之一。芝罘、登州等沿海港口在唐朝时就是我国同朝鲜、日本的海上"丝绸之路"的起点。登莱有隋唐时北方最大的造船中心,也是对外贸易的重要商港,享誉各国的中国瓷器也有很大数量经由登州港运往海外。1861年开埠后,烟台成为中国北方与天津齐名的通商口岸,是中国近现代工业的重要发祥地和东西方文化的交融地。

海洋文化孕育了胶东人很强的团结开阔精神、豪爽开放的性格。

(三)农耕文化

古书中记载,胶东半岛上的莱国是中国最早种植小麦的部族(胶州赵家庄遗址发现炭化麦种,为小麦根植莱地的历史提供了证明)。商朝时期,古莱夷部落被封为侯国,那时莱国的经济社会非常发达,他们的农业、饲养业、制陶业、制造业等,已经有很高的水平了。《史记·货殖列传》有这样的记载:"齐带山海,膏壤千里,宜桑麻,人民多文采布帛渔盐。"《史记·齐世家》记载,公元前567年(齐灵公十五年),齐国灭莱国。莱夷文化作为相对独立的土著文化开始与齐文化融合,逐步成为齐文化的重要组成部分,并作为源头深刻影响着齐鲁文化的建构,催生了齐鲁文化。

农耕文化作为一种和平自守的经济文化形态,尚功利,重伦理,求革新,重传统,崇忠诚,爱和平。

综上所述,独特的地理环境孕育了胶东文化的多元化特质,蕴含了狩猎文化、海洋文化、农耕文化等多种文化基因,深刻影响着地域内广大人民群众的思维方式、行为习惯、价值选择,孕育出了胶东人民源远流长的"五种精神品质",即:筚路蓝缕的艰苦创业精神,追新逐奇的开拓创新精神,兼收并蓄的开放融会精神,崇武卫疆的强军爱国精神,重诺贵和的诚信和谐精神。而更重要的是多元文化融合的历程,培养了胶东人最为可贵的文化自觉意识。这些文化特质最终深刻地融入了胶东人的血脉之中,成为胶东人内心深处的最为重要的精神基因。

三、打击侵略反抗压迫威武不屈的光荣传统

胶东半岛三面环海,为我国南北和中外海上交通要冲,是京津门户与海防前沿的海防重镇。胶东人民在保卫海疆、抵御外侮入侵的斗争中谱写了胶东人民打击侵略和反抗压迫的英雄诗篇和光荣传统。

据明史记载,在明洪武三十一年(1398年),为了加强海防军事建设和防止海上倭寇的侵扰,朱元璋特批建宁海卫(今牟平区)"奇山守御千户所",在烟台山的山顶修建了"狼烟墩台",当成兵从烽火台上发现敌情后"昼则升烟,夜则举火",以此作为报警信号。烽火台建成后被当地人称为"烟台"。明代著名抗倭将领威继光就是山东蓬莱人。

在近代,西方列强在胶东实行半殖民地化统治。英国、德国、日本这些入侵者为巩固其掠夺的成果和顺利实行殖民统治,在城市的周围建军港、造炮台,胶东人民遭受了残酷的殖民压迫和掠夺。面对侵略者的武力进犯和殖民统治,富有保家卫国传统的胶东人民进行了不屈不挠的英勇抗争,从1898年5月英国强占威海卫,到日军于1938年再次侵占威海,威海人民就从没停止抗英斗争和反日起义,最终收复威海卫,形成抗击殖民压迫和外来侵略的革命斗争精神。

四、马克思主义先进的革命思想点燃胶东红色文化的火焰

胶东地区是全国建立党组织和开展革命活动较早的区域,烟台是胶东地区开展党的活动最早的地方,是胶东地区党组织的发源地和革命策源地。烟台海军学校又是烟台和胶东地区党组织诞生的摇篮。

烟台很早受到党中央的高度关注,1921年中国共产党成立不久,驻上海的中共中央局派邓中夏、王荷波到烟台开展工作,指导郭寿生在原烟台海军学校读书会的基础上成立了"马克思主义学说研究小组",宣传反帝爱国思想和马克思主义。1924年烟台党小组成立,直属中共中央局领导。烟台地方党组织成立初期就得到陈独秀、恽代英、罗章龙、邓中夏、周恩来等领导人的关怀和指示。1933年中共胶东特委建立,胶东地区共产党组织有了统一的领导核心。

眼界开阔、拥有开放思维的胶东人民很快就接受马克思主义先进的革命思想,革命的烈火在胶东大地上熊熊燃起,胶东人民在党的领导下开始书写波澜壮阔的革命斗争史。胶东红色文化是中国共产党这颗优秀的种子与胶东族群这块优秀的土地结合,结出的优秀果实。

中国共产党领导胶东人民在武装力量建设、政权建设、根据地建设、制度建设、文化建设等方面,谱写了惊天地、泣鬼神的壮丽诗篇。胶东军民在血与火的洗礼中创造出了胶东红色文化,孕育了胶东人民的革命精神:为国为民,忠诚于党;顾全大局,英勇善战;无私奉献,创新争先;信念坚定,团结协作。它集中体现了胶东人民的整体风貌和精神特征,体现了胶东

人民共同的价值追求,是胶东人民永远的精神火炬。

五、胶东精神的当代价值

胶东精神是特定历史条件下孕育的民族爱国精神,在当前全面推进新旧动能转换和高质量发展的重要时期,探讨其孕育机制和当代价值,与时俱进诠释团结、爱国、奋斗的胶东精神,有利于克服发展困难、增强发展动能,为最终实现中国特色社会主义事业发挥重要的精神引领作用。

胶东半岛位于山东省东部,其战略地位十分突出,为历代兵家必争之地。抗战时期,发生在烟青要塞莱阳重镇的万第战役,是胶东抗战中的重要一役,为扭转胶东抗战局势发挥了重要作用。其孕育的抗战精神实质则是爱国主义,它在融入胶东精神血脉的同时,已成为中华民族精神的重要支脉。今天的中国正面临世界百年未有之大变局,精神引领将为新时期建设发挥重大作用,而持续发扬伟大的抗战精神,必将为新旧动能转换注入强大精神动力。

(一)胶东精神的启示

1.爱国团结精神

在甲午海战的炮声中,胶东人民的爱国、团结精神聚核爆发,军民团结一致,奋勇抵御外辱,涌现出王懿荣等一大批为国捐躯的民族英雄。从此,胶东革命精神在历次的斗争中,深深融入民族的血液中,融入强烈的爱国主义情怀中。爱国,是胶东精神最突出的内核,它在胶东大地上代代传承,从甲午战争到五四运动,再到抗日战争、解放战争,胶东人民饱受列强蹂躏,民族自强的爱国主义在文化基础良好的胶东首先觉醒,伟大的五四运动点燃了胶东儿女的爱国热情,席卷全国的民族斗争自此拉开序幕。最能代表胶东精神的地标建筑,当属屹立于青岛湾畔高30米、重500余吨的象征"五四精神"的钢质雕塑"五月的风",那旋转腾升的火红的"风"之造型,体现了深厚的爱国主义基调和张扬腾升的民族力量。

2.爱国创新精神

在中国共产党胶东特委的组织下,胶东军民不断创新组织形式,创新战斗方式,为抗战在组织上和战术上提供新动力。组织上,建立起了全国民主政权最稳固、经济实力最雄厚和全民革命文化最活跃的抗日根据地,胶东地区的党员从抗战前的不足2000人发展到近6万人,从没有民兵组织到"全民皆兵",参战军民达到100多万人[①],胶东抗战力量得以迅速壮大,为抗战胜利奠定了基础。战术上创新斗争形式,著名的地雷战就是由胶东军民在斗争实践中不断研发创新的,对敌人形成了重大震慑,为取得斗争胜利提供了技术借鉴。

3.教育抗战精神

胶东精神的内涵是深刻的,它是马克思主义基本原理在中国革命实践中的理论结晶,是

---

① 刘焕阳,陈爱强. 胶东文化通论[M]. 济南:齐鲁书社,2015:308.

党的优良作风与胶东地区传统文化的相得益彰,是胶东地区先进革命文化引领的必然硕果。诞生于战火硝烟中的中国人民抗日军政大学第一分校胶东支校,曾为胶东革命乃至中国革命的胜利培养造就了近万名优秀革命干部,正是这群热血先驱,将马克思主义理论传播于胶东,传播于全国,并将马克思主义理论与中国革命实践相结合。在胶东大地上,他们用热血保卫抗战的胜利果实,铸就了了不起的胶东精神。胶东精神与沂蒙精神、西柏坡精神、长征精神等都是中国革命精神的具体体现,是中华民族自强不息、抵御外辱的历史写真,它与诸多伟大的革命精神一脉相承、根脉相连,具有普遍的革命意义,这种普遍性犹如空气和活水,为胶东抗战精神的诞生提供了适宜的气候和土壤,并赋予胶东精神厚重的历史底蕴,体现了胶东人民"听党话,跟党走"的忠诚信仰和面对外敌侵入时的自我牺牲、勇于奉献精神,更体现了共产党与老百姓鱼水情深的精神品质。

(二)胶东精神的当代价值

胶东人民反抗侵略,浴血奋战的革命事迹已被历史定格,但战争孕育的精神价值却具有继往开来、启示后人的恒久价值,它能够跨越时空,支撑一代又一代胶东儿女为实现中华民族的伟大复兴而前赴后继、披荆斩棘。如今进入新时代,面对高质量发展的新要求,必须大力弘扬胶东精神,使其融入新旧动能转换的全过程,在勇于担当、攻坚克难中谱写新的历史、凝结推动社会前进的巨大力量,为加快推进新旧动能转换重大工程创造新的辉煌。

第三节　巍巍泰山

泰山位于山东省中部的泰安市。山东中部地区地貌特征是相对平坦的,而泰山却有一千五百多米的高度,这就使得泰山位于其中有一种雄伟高大的感觉。泰山是人们口中的"天下第一山",也是五岳之首,于1987年被列入世界自然文化遗产名录。

泰山,又称东岳泰山、岱宗,是中国的重要山岳,是世界自然和文化双遗产之一(1987年)。自然方面,泰山的出现、历史、地形、地势、地貌、矿产、物产等有其特色;文化方面,泰山的建筑、碑刻、封禅、泰山圣母、泰山石敢当、东岳庙、泰山石、泰山挑夫、泰山岳父、泰山国际登山节、登泰山保平安等也很有特色。不仅如此,泰山于我们民族更是有着十分重要的政治、宗教意义,是齐鲁文化的中心。

泰山有着十分重要的文化地位,其十分完美地将儒家、道教、佛教融合到了一起,淋漓尽致地展现了我们中华民族的文化的多样性,更是完美地展现了我们中华民族文化的统一性与包容性。泰山于文人心中更是有着十分重要的位置。有着"万圣之祖"之称的孔子曾于《论语》之中发出"登泰山而小天下",感叹泰山的雄伟壮阔。由此可见,泰山于人民心中至高的地位。而有着"亚圣"之称的孟子更是发出"泰山之高,参天入云"的感慨,这句话算是对孔子感慨的一种解说。自此以后,文人对泰山的推崇就未曾断绝。如唐朝诗人杜甫在《望岳》

中感慨:"会当凌绝顶,一览众山小。"元代诗人张志纯在《泰山喜雨》中慨叹:"岱宗天下秀,霖雨遍人间。"晋代诗人谢道韫于《泰山咏》中吟诵"峨峨东岳高,秀极冲青天"等,古代文人歌颂泰山的文章不下千篇,由此可见,泰山于文人心中的地位。泰山的石刻是泰山的灵魂。石刻把泰山的历史、底蕴、霸气尽情展露。泰山不言,自成其名。泰山有两千余座石雕,可以说是中国的书法第一山了,泰山的石刻对于研究古代书法具有十分重要的意义。自书法形成以来,一直延续到现在,其发展历程在泰山石上都得以展现。泰山石上有石刻和碑刻,其中大部分的书法都是石刻。其中最早的石刻是立于秦始皇二十八年的,共计两篇,是由秦始皇时期著名的大丞相李斯书写的,具有十分重要的意义。而摩崖金刚经石刻则是中国目前为止最大最古老的摩崖金刚经石刻,它雕刻在 2600 平方米的石屏上,石刻上包含了隶书、行书、楷书等,文字十分有气势,为许许多多的文人所推崇。

自古以来,泰山就一直在延续着我们中华民族的文化与精神,寄托着中华民族万千儿女的美好憧憬与愿望。旧日的时光早就已经一去不复返,但一直不曾改变的是泰山依旧屹立在我们中华儿女心中的伟岸雄姿。

一、天地之泰、东方泰山

(一)天地之泰

泰山位于黄河中下游、华北平原之上,位于中华民族早期生活的重要区域。泰山拔地通天、巍然高大,逐渐成为中华民族早期努力沟通天人关系的重要渠道(《周易》的泰卦,其《象》曰:"天地交,泰")。封禅,沟通天人,未必始自泰山,未必只在泰山,但泰山以其区位优势和地形地貌等优势逐渐成为封禅文化中的执牛耳者、荦荦大者。封禅泰山(或封泰山禅梁父)逐渐成为基本模式而广为人知,以至于提到封禅时人们大多想到的就是封禅泰山。封禅泰山是天子的威仪,代表着天地交泰、政通人和;封禅泰山是天子的权威,代表着自上而下、政令畅通的大一统秩序。可以说,封禅泰山、沟通天地,对于君主而言是极为重要的政治活动,自然会随之产生相当重要的影响。随着沟通天人的需要、封禅泰山的进行,到泰山的天子人数、次数居高不下,天子与泰山形成了互动与互补,泰山的地位自然随之提高。如泰山脚下的岱庙中的天贶殿成为中国传统三大殿之一,泰山神被给予"天齐王"的极高称号,泰山有"南天门""天街"等称谓,这些都显示了泰山在沟通天人方面当仁不让的首要位置。现在,作为一般人,登泰山也是对体力的极大考验。登山如同登天,这种感觉在亲身经历后就会有所体会。

(二)阴阳之泰

中国传统文化中儒、释、道三教并存,这在泰山上也有体现,孔子庙、普照寺、碧霞元君祠都在泰山上各得其所。但如同其位置所示,碧霞元君祠位于中心,就表示了泰山主要是以道教为主,主要是道教文化之山。道教自然重视阴阳,以阴阳来说泰山可以很好地反映出道教对泰山的影响(泰山脚下有奈何桥、蒿里山)。当然,阴阳也与天地、皇天后土有关,可以视为是其另一种表达。

(三)稳重之泰

就高度而言,泰山在五岳中不是最高;就位置而言,泰山不位于华夏大地中间,但泰山何以成为五岳之首、统领群岳呢?理解这一问题的切入点就在于泰山稳重,"稳如泰山""重如泰山"成为中华文化的常用词之一。泰山因稳重而受到人们推崇,不但有自然原因,而且还有道德原因。这一点恐怕与中国传统文化的主流儒学注重道德有关,而道德强调稳重、中道,反对过犹不及。相对而言,西岳华山险、南岳衡山秀、北岳恒山幽,虽然各具特色但不宜成为常态。如此,石敢当寓意平安,泰山石代表稳重;石敢当广为流传,泰山石遍布全国,代表了人们期盼稳定的美好心愿。此外,泰山之重、重如泰山也常被大家所接受,司马迁、毛泽东都提到过。一方水土养一方人,泰山稳重,山东人稳重,稳重山东人的形象在全国都是比较有特色的。

(四)季节之泰

根据四时,泰山是春季。春季生生不息,天之大德曰生,上天有好生之德,中华民族就在这片土地上生生不息,历久弥新。春季给万物以勃勃生机,东方生(升)给人以无限希望。

(五)方位之泰

在方位上泰山位于东方,东方看似只是一个普通的方位,无甚特殊,但在中华文化中,东方却有着相当多的含义(泰山"配天作镇",镇应同震,即东,此时八卦的"震"与方位的"东"相重合)。"东"在中华文化中的含义有:一者,东岳泰山脚下有五岳真形碑,东岳泰山的图腾是龙(东方青龙、西方白虎、南方朱雀、北方玄武)。青龙开始是东方的一个方位象征,后来逐渐演化成中华文化中的唯一象征。由东方而全国,由青龙而成为中华龙,民族图腾由此奠基,东方巨龙成为共识。在中华民族大家庭中,虽然一些少数民族各有自己的图腾,但又共同认可龙是中华民族的共同图腾。中华民族自称是龙的传人,以龙的传人自豪。龙成了中华民族的图腾,成为民族团结的象征。在一定程度上可以说接受了龙也就接受了中国人,龙所起作用自然不宜低估。二者,在地位上,东也非其他方位所能比,如东宫太子、东宫太后、东床驸马(驸马既是乘"龙"快婿又是"东"床驸马,龙与东相连、重合),都显示了地位的尊贵。三者,在风俗上,做东、东家也自然而然成为富有、慷慨、大度的象征。四者,在历史和现实中,东方好客。在山东的对外宣传中有几句非常有特点的口号:"好客山东人""好客山东欢迎您""当好东道主,办好全运会"。其他省市召开运动会,自然可以称"东道主",而山东省举办运动会,这里的"东道主"无疑又多了一层韵味。不妨问一下:"山东何以好客?""好客何以山东?"其原因就在于,此处之"东"不但是一个普通的方位词,还有文化上的尊贵、富有、慷慨、大度的含义,而山东不但有地理上的优势,还有文化上的优势。如孔子《论语》开篇有名言"有朋自远方来,不亦乐乎",反映了孔子也反映了山东人自信、开放、大度的特征。不妨说山东人最有资格、最有底蕴、最为恰当来讲"好客山东""当好东道主"。山东人的稳重,加上东道主特有的豪爽,增强了山东人的知名度和影响力。

二、乾坤之泰、龙马精神

泰山之所以成为泰山,其文化上的多维意蕴不容低估,值得好好发掘。山——泰山,也就是说先有"山"后有"泰",原先只是一座普通的山,后来文化积累出现了"泰",并把"泰"这一美好名词及美好寓意赋予了此山,于是出现了"山"与"泰"的结合:"泰山"。泰山也就是"山"与"泰"的结合体,有"山"、有"泰","山"是自然、"泰"是文化,"山"有自然上的特点优点、"泰"有文化上的价值寓意。当然"泰山"这一名词不是一个并列词组,而是偏正词组,即"泰"比"山"更为重要。在"泰山"这一名词中,"山"的自然因素虽然不应忽视(如相对高度高才有了登天的感觉;稳重才被人们推崇),但文化上的"泰"恐怕更为重要,也就是说,"泰"比"山"应该占有更大的分量,更具有文化深意。何以如此说?根源就在"泰"。"泰"是什么?"泰"可以说有多维指向、多重含义。在卦象上,泰由乾坤两卦组合而成。《周易》对乾坤的解释众所周知:"乾,天行健,君子以自强不息。""坤,地势坤,君子以厚德载物。"泰是乾坤的组合,因此在沟通天地时,当然应该在泰山上进行,由君子或君主来实行(反过来,主要在哪座山上沟通天地,哪座山就会被称为"泰山",当然,东岳泰山由于其自身的独特优势赢得了这一殊荣,承担了这一重任)。在卦象上,泰不是乾坤的任意组合,而是特定组合,其组合有着深刻的文化意蕴。泰即乾下坤上,是乾在效法天刚健有为的同时,主动下于原本处于低势的坤,从而实现了"泰"的美好局面(上下交泰),如果乾在效法天刚健有为的同时,只顾自己高高在上,不顾原本处于低势的坤,也就实现不了"泰"的美好局面(甚至反过来就是"否",所谓否就是"乾上坤下",即乾虽然刚健有为,但高高在上,只顾自己不顾在下的坤,在下的坤未得到支援改善,也就不能实现泰的美好局面)。可以说泰山既是文化之山又是政治之山,"国泰民安"表达了人民的无尽期盼。何以实现国泰民安?中国文化给出的答案就是"泰",就是乾下坤上。乾下坤上,这里不是指"君主与百姓""君子与小人"两种人,而是单指"君主""君子"一人,是君主、君子一人既要效法乾又要效法坤。乾下坤上这种对君主或君子提出要求的模式,实质就是在政治上承认上下秩序的同时,规定上级负有更大的责任,上级在刚健进取的同时还要主动谦下,这显然是对上级提出了要求(不是对上与下一视同仁,更不是单单对下级提出要求甚或对下级提出苛刻要求)。在自然上,天、乾、上,似乎就应该高高在上,似乎永远高高在上;但在文化上,先贤们经过长期观察与思考之后却反自然而行之,提出了"乾下坤上才能泰"的智慧之思,这也真是切中肯綮之思。与之相关,老子的"大者宜为下"(《老子》第61章)似乎更为通俗易懂,当然含义同样隽永。乾下坤上、大者宜为下,是对君子或君主或上级而言的,这在中国文化中还表现为要求上级"严以律己,宽以待人"。如在《将相和》中,无过错的上级蔺相如竟然宽容有过错的下级廉颇,这似乎说不通、似乎不合规矩,但最终的结果却是,上级蔺相如的宽容大度使得下级廉颇幡然悔悟主动改过,从而实现了尽释前嫌、生死之交的感人场面。把危机转化为契机,靠的首先就是上级的"乾下坤上""严以律己,宽以待人"。与之相关,李斯的《谏逐客书》中提出"泰山不让土壤故能成其大,河海不择细流故能就其深,王者不却众庶故能明其德",道出了在政治上上要容下、要吸引各方人才方能成就伟业的重要性,这里也是对上级提出了要求。

乾坤之泰不但有政治含义,也有文化含义,不但可以指向君子,也可指向一般人,这就是"龙马精神""自强不息厚德载物"。泰,即天地、阴阳、乾坤,有时也形象生动地用龙马来表示。龙,刚健有为;马,相对温顺驯良。二者互动互补,反映了人要有进有退、有所为有所不为、不为一时成败所困扰的乐观而豁达的态度,这对于人的长远发展显然是极为必要的。泰,即自强不息厚德载物。就自强不息而言,主要指向自己,主要应该靠自己"自强",而非靠天靠地靠他人,在程度上要"不息",要有远大志向,而非有了一点成绩就沾沾自喜得过且过;就厚德载物而言,主要指向别人,要顾及别人,而非在自己自强不息有了成绩地位之后只顾自己高高在上明哲保身,在程度上对别人是厚德,不是玩人害人的缺德丧德,不是不顾人的无德,不是给别人一些残羹冷炙还邀功请赏的薄德。自强不息厚德载物,顾自己也顾别人,十分全面;对自己和别人都提出了极高要求,十分深入。简言之,自己自强而且不息,待人以德而且是厚德。既顾己又顾人,既利己又利人。在落后时固然要自强,在领先时也要有厚德。简言之,自强不息厚德载物,就是既要靠自己自强自立又要甘心奉献社会,这样的人必然是大写的人,这样的民族必然是受人尊敬的民族。

中华民族的主流不是个人的单打独斗,而是集体和睦,如何实现真正的集体和睦,自强不息厚德载物就是顾己又容人的智慧之举,可以人人行之、终身行之。可见自强不息厚德载物,不但可以适用于落后之时也可以适用于领先之时,不但可以适用于一个人也可以适用于一个民族。一个人自强不息厚德载物,会成为一个大写的人;中华民族自强不息厚德载物,不但可以使中华民族有尊严地屹立于世界,也会帮助世界其他民族共同进步,共同构筑和谐世界。

三、孔子的"仁者乐山"

孔子在《论语·雍也》中讲过一句著名的话:"智者乐水,仁者乐山;智者动,仁者静;智者乐,仁者寿。"[①]就自然山水来说,有山有水,自然是美好的环境。分析而言,在孕育于山东的儒学道德范围内,山与水又多少带有了道德色彩,山又相对优于水,孔子讲道德也就相对更重视山。再进一步说,孔子此处虽然涉及山与水,但其中心内容是讲仁与智,山与水只是仁与智的一种形象表达。当然孔子以仁与智分别对应山与水,也是敏锐地看到了其中有一定

---

① 金池.《论语》新译[M].北京:人民日报出版社,2005:175.

的对应关系。就仁与智而言,孔子还讲过:"仁者安仁,知者利仁。"(《论语·里仁》)"未知,焉得仁。"(《论语·公冶长》)"知及之,仁不能守之,虽得之,必失之。"(《论语·卫灵公》)简言之,孔子对仁的要求是很高的,仁不能是空仁,必须包含智,并且仁者以自身为目的,自身充足,不受制于其他因素;而对于智,孔子认为智并不能独立,是仁的手段,如果只讲智而不讲仁,则虽得必失。如此不难体会到孔子在对仁与智的认识中,以为应该结合二者,实现仁且智;而如果不能结合二者,那么仁比智相对更好、更重要。就自然的"山水"加上道德的"仁智"而言,一般人往往以为此处的山与水、仁与智大体平等,甚至可以互换,然而仔细想一想,再加上道德的维度,可能并非如此简单。就仁与智对比而言,大体可以说,仁者有自己的原则与底线,不会违背原则、打破底线,甚至反而会为了原则而杀身成仁,这样的仁者就如同山一样不为所动,值得依靠与信赖,这样的仁者也就是静的(静以制动),这样的仁者也就能存之久远直至永恒(寿),后世才有"静以修身,俭以养德""非淡泊无以明志,非宁静无以致远"之说;相对而言,智者如水一样灵活多变,这自然有一定优点,但如果离开了仁、缺失了德,这时的智之动就有可能违背原则、打破底线,这时的水、这时的动就开始具有了消极和贬义色彩,出现有违道德之事也就不奇怪。如所谓"识时务者为俊杰"往往是以出卖原则尊严为代价的;"拉人下水"是让人出卖原则;"反水"是让人背离原有立场;"水货"是假而不真;"水性"是立场不坚、意志不定,这些都偏离甚至背离了基本道德立场,受到大家批评也就并不奇怪。可见,智者乐水、智者动、智者乐,其动反不如静,其乐反不长久(相对而言仁者则静则寿)。如此不难得出结论,在自然上,山与水似乎平等、似乎可以互换;但在道德上,智者与仁者还是不平等的,仁者高于智者,仁与智是不能互换的。或者说孔子的立场应该是仁者优于智者,仁者乐山更能代表孔子的主要立场,更值得提倡。扩展一下,就仁者乐山、仁与山而言,孔子之重视仁、创立仁的学说,也是有着地缘基础的,即东方仁或"夷俗仁"。据说位于东方的东夷人好仁、有仁德之风,这成为孔子仁学的重要思想源头。对此,庞朴、谢阳举都有过独到见解。稳重、豪爽,加上仁爱、诚信,形成了山东人特有的名片,提高了山东的文化软实力,增添了山东人的美誉度。

概言之,山—泰山—文化泰山,泰—自强不息、厚德载物—龙马精神,东—泰—仁,泰山—孔子—仁者乐山,不管是纵向上的演变还是横向上的扩展,不管是自然上的特色还是文化上的赋予,不管是于个人还是于民族,不管是于山东还是于全国,文化泰山及其所代表的深厚意蕴最终都融入了中华文化,成为中华文化的重要组成部分,甚至是其中的领先部分。中华文化的继续维系与不断提升,文化泰山可谓与有荣焉,又可谓责无旁贷。

四、泰山文化的时代价值

泰山文化是中国传统文化的重要组成部分,其蕴含的"天人合一"思维模式、"和谐包容"价值取向、"务实进取"行为方式等文化要素具有强烈的时代价值。弘扬泰山文化,对于坚定信念、凝聚人心、增强"文化自信",促进早日实现中华民族伟大复兴的"中国梦"具有重要的现实意义。

(一)文化自信视域下挖掘泰山文化时代价值的重要意义

习近平总书记曾多次强调,我们不能做历史虚无主义者和文化虚无主义者,而要做中华优秀传统文化的传承者和弘扬者。他说,"中国思想文化体现着中华民族世世代代在生产生活中形成和传承的世界观、人生观、价值观、审美观等,其中最核心的内容已经成为中华民族最基本的文化基因。这些最基本的文化基因,一代复一代融入中华儿女的血液中,表现在风度气质上,表现在言谈举止上,是中国人民在修齐治平、尊时守位、知常达变、开物成务、建功立业过程中逐渐形成的有别于其他民族的独特标志。"

泰山是世界自然和文化双遗产,除却壮丽的自然风光,它还是"中国文化史的一个局部缩影"。近年来,泰山旅游设施不断完善,旅游资源更加丰富,但是在打造旅游产品的时候,多注重宗教与民俗文化的传播,而针对中华传统文化的时代意义挖掘不足。每逢碧霞元君、西王母这些道教或民俗神仙的"诞辰",泰山上下游客摩肩接踵,碧霞祠、王母池香客水泄不通,人们到泰山似乎只是观观景、爬爬山、拜拜神,导游在介绍泰山的时候,也往往局限于一些传说轶闻,没有系统阐述泰山文化对当代中国的价值。因此,我们要更重视挖掘泰山的传统文化内涵,让蕴含其中的文化要素更富时代价值,让泰山不仅成为一座"旅游山",更要成为"文化山""精神山",让彰显着中华民族传统文化精髓的泰山文化播撒到中国乃至世界各地。

(二)泰山文化"天人合一""大一统"的思维模式

泰山文化起源于古老的山岳崇拜。在历史演进过程中,对其影响最大的是中华文化中居于主脉地位的儒家文化。唐君毅先生曾说:"天人合一是中国哲学上的中心观念",张岱年先生也曾说:"中国哲学有一根本观念,即天人合一"。天人合一思想起源于先秦时代,西汉董仲舒的论述最具代表性,他讲天人关系,发展到神与人的关系,实际上是以特定的天人关系来神化帝王,再后来宋明理学家对这个思想也进行了阐释。"天人合一"思维模式在泰山文化中的表现就是历代封建帝王在泰山的封禅大典。封禅就是帝王沟通天、地、人的手段,即所谓"天子受命于天,天下受命于天子"。此外,泰山景区以蒿里山、岱宗坊为界分为地狱、人间、天堂三重景观,也体现了"天人合一"的思想。总之,这种思维模式是一种宏观思维模式,也可以说是一种战略思维模式,它从整体性和关联性上把握事物,强调天人的协调、和谐,这与当前"创新、协调、绿色、开放、共享"的发展理念是紧密契合的。

同"天人合一"相联系的还有"大一统"的思维模式。古时只有四海一统、国泰民安之时才能在泰山举行封禅大典,而"五岳独尊""泰山安则四海皆安"的思想,正是"大一统"思维模式的具体体现。"大一统"是一种向心思维模式,它使中华民族的凝聚和统一成为历史必然。在历史的长河中,中国即便有短暂的分裂,也没有割断中国传统文化的血脉,"大一统"的思维使国家最终仍然走向统一。[①] 当然"大一统"思想也有故步自封等落后的因素,但是如果我们去其糟粕,取其精华,"大一统"思想在当今中国仍能促进国家和民族的统一,具有重要的现实意义。

(三)泰山文化"和谐包容""重于泰山"的价值取向

泰山文化不仅受到传统儒学的影响,也深受道教、佛教文和民俗文化的影响,是一种和谐交融的文化。泰山信仰中既有封禅大典这种国家祭祀,也有民间祭拜的碧霞元君,除此之外还是佛教"魂归蒿里"的地狱所在,体现了中华文化博大兼容的一面。秦朝李斯称:"泰山不让土壤,故能成其大",正是对泰山包含万物、博大虚怀气度的生动写照。在泰山普照寺东北的辛亥革命烈士祠,有民国邱山宁之《泰山颂》诗,尤为体现泰山文化的这一特点:"泰山何其雄,万物都包容。泰山何其大,万象都归纳。泰山何尊严,万有都包含。一切宇宙事,都作如是观。"

泰山不仅在视觉上给人以凝重的感受,更因为其厚重的文化特点,使其寄托了人们的价值取向,这种价值取向就是中华传统文化中的"厚重包容""重义轻利""勇于担当"。司马迁曾说"人固有一死,或重如泰山,或轻于鸿毛",毛泽东曾说"为人民利益而死,就比泰山还重"。习近平总书记也多次强调要增强"担当"的精神,他曾说:"历史的接力棒传到了我们手里,责任重于泰山",而流传于世界各地的"泰山石敢当"文化正是这种不畏困难、勇于斗争、敢于担当精神的具体体现。

其次,泰山文化还包含着中华传统文化中"国泰民安"的美好向往。无论是泰山脚下"泰安"等城市的命名,还是历代帝王将相、文人墨客在泰山留下的诗文碑刻,都表现了这种美好愿望,诸如"与国咸宁""与国同安""斯山之固,国家柱石"及"国泰民安"等。由此可见,自古以泰山来就是稳定安宁的象征,是国家长治久安的"精神之山"。

(四)泰山文化经世务实奋发进取的行为方式

泰山文化与中国传统文化一样,它的精神基础是儒家哲学。儒学在中国中世纪思想文化中占主导地位,它强调刚健有为,是一种入世的哲学,对天命、鬼神基本上采取了"敬而远之""存而不论"理性态度。冯友兰先生曾说:"中国人……不大关心宗教,是因为他们极其关心哲学。中国的丧祭,和尚和道士一齐参加,这是常见的,中国人即使信奉宗教,也是有哲学意味的。"正因为儒家思想把理想寄托于现世而不是像宗教一样把理想寄托于"来世与天国",所以中华民族对人生、社会、伦理、道德,都体现出高度的责任感,中国人以建功立业、修身、齐家、治国、平天下为人生追求的目标,处处凝聚着让现实更光明,生活更美好,人生更丰富、更有价值的理念,表现出强烈的人文主义色彩。因此,泰山尽管也有佛道文化和民俗信仰,但人们的心目中,泰山始终没有成为一座单纯的景观山或宗教山,他更是民族精神之山。

---

① 金开诚. 泰山[M].长春:吉林文史出版社,2010:109.

泰山拔地通天、直上九霄,山势险峻、峰回路转,人们在登山中体会到奋勇登攀的精神内涵,也更体现出登高望远的宽广胸怀。无论是孔子的"登泰山而小天下",还是杜甫的"会当凌绝顶,一览众山小",乃至王勃的"登泰山而览群岳,则冈峦之本末可知也"都精辟地揭示了这一主旨。在泰山登山沿途的历代题刻中,不少也是昭示登攀主题的,红门有"登高必自",快活三里有"从善如登",十八盘有"上天梯""亦可阶升""共登青云梯",大观峰的"登峰造极",民国袁家潽的一则题刻阐述的也最为精当:"愿同胞努力前进,上达极峰,独立南天门,高瞻远瞩,捧云擎日,可以张志气,拓胸襟,油然而生爱民拯世之心",恰切地道出泰山登攀精神意义所在。

总之,中华传统文化积淀着中华民族最深沉的精神追求,是我们最深厚的文化软实力。我们要努力从泰山文化中挖掘并弘扬其时代价值,萃取思想精华,不断增强"文化自信",从而早日实现中华民族伟大复兴的"中国梦"。

第四节　现代山东——继往开来

历史的车轮总在不断加速。亿万年的地壳运动方塑造出这秀美壮阔的山川河岳,五千余年的人类运动刻画出丰厚的齐鲁文明肌理。而最近的百年,则是前所未有的变革时代。

如果可以将百年的演进转化成从高空俯瞰的延时摄影,我们会更直观地感受到勤劳而聪慧的人们重塑这片土地的进程。当村庄汇集为城市,当城市之间路与桥勾连,又创造出新的群组,当越来越高的城市成为地表上新的山岳,当越来越密集的路桥组成新的河流,当腾空而起的钢铁之翼画出越来越多的虹桥,这片风华正茂的沃土,开始书写继往开来的全新篇章。

新中国成立之初,山东省内能正常通行汽车的公路仅有 3152 公里,其中绝大部分为土路,晴雨通车里程仅为 65 公里。

七十多年之后的今天,山东仅高速公路的通车里程就达到 7473 公里。2019 年,有"山东最美高速"之称的济泰高速建成通车,这条穿越济南南部山区、泰山东麓,穿越汶水河畔的高速,总长度虽然只有 60 余公里,但移步异景,让高速驾乘成为畅快之旅。

城市的勾连在加速,乡村同样如此。从村村通到户户通,从高空俯瞰鲁中山区,一条条银灰色柏油马路如飘带般缠绕在绿色山野之中,成为连接每一户居民的幸福之路。

如今,山东各级公路的通车总里程已经达到 28.68 万公里,公路密度每百平方公里 183 公里。286800∶65,这样的比例足够让人震撼。

从普通公路到高速公路,我们在不断追求运输的速度。而中国高铁,将速度提升到了新的层次。

在山东省会济南,自标志性景观大明湖一路向东,在 15 公里之外,集高速铁路、城际铁路、城市轨道交通、高速公路、航空等多种交通方式于一体的高铁枢纽站点——济南东站,正一步步实现其国家级交通枢纽的最终定位。

从空中俯瞰,济南东站如一只振翅欲飞的鲲鹏,为省会东区这片年轻的土地带来了充足的活力。

对于高铁时代的济南人来说,最惬意的生活或许是早上喝一碗让外地人搞不清口味的甜沫,配上季羡林先生生前最爱的油旋,饱腹之后乘上高铁,赶得上津门老茶馆的第一口相声,赶得上京城大红墙下的第一盘棋局,赶得上江南水乡的第一艘离岸小舟,赶得上西子湖畔的第一杯龙井。当然,最重要的是,用狗不理包子、全聚德烤鸭、西湖醋鱼一饱口舌之欲后,还能在月朗星稀之时赶回自己舒服的家,安然入眠。

高铁改变着山东人的生活,而不断提升的高铁速度和不断扩展的高铁网络,也给济南人的生活方式增加着各种可能性。近年来,从济南不用换乘就能直达的车站超过280座,济南的高铁城市"朋友圈"超过250个。

速度在不断重塑我们的时间,更重塑我们对距离的认知。2011年6月30日,胶州湾大桥建成通车。

那一年,一张穿越云雾与大海的大桥照片惊艳了世人,照片的主角就是胶州湾大桥。十年过去了,这座写满中国建设者荣耀的桥梁,已经"接待"了1.1亿辆次的"客人"。日均通行流量从2011年1.45万辆增长到2021年4.84万辆。

这项建设者克服海上恶劣气候环境影响,攻克无数技术难关,历经四年投资近百亿元终于建成的百年精品工程,使胶州湾东西两岸天堑变通途,极大缩小了青岛这座跨海之城的内部时空距离,结束了"青""黄"不接的历史,带动胶州湾沿岸区域经济飞速发展。

2011年,胶州湾大桥入选美国财经杂志《福布斯》评选出的"全球最棒的11座桥梁",理由简单却充分——其创造了中国乃至世界多项桥梁建设世界纪录。

2013年,胶州湾大桥荣获在美国匹兹堡举办的第30届国际桥梁大会乔治·理查德森奖,这是迄今为止我国桥梁工程获得的最高国际奖项。2018年,胶州湾大桥以现场核验评分第一名的优异成绩摘得中国公路行业的最高奖项——李春奖。

胶州湾大桥,早已成为我国桥梁建设史上的一座丰碑。从西海岸国家级新区创建到上合组织成员国元首理事会在青岛召开,过去的十年时间里,这座桥见证着青岛这座城市与世界越来越紧密的融合。

在几百公里之外的省会济南也正急需桥梁的帮助,完成城市新时代最重要的一次跨越式发展。随着黄河北岸山东新旧动能转换试验区先行区的创建与发展,济南对快速跨黄通道的需求越来越迫切。

2021年9月,在石济客专公铁两用桥与济南黄河三桥之间,济南第十二座跨黄大桥——凤凰黄河大桥正在进行最后的修正喷装。作为济南"北跨"的重要一环,这座桥拥有三项世

界之最:

它是世界跨度最大的三塔自锚式悬索桥,跨黄主桥全长 3788 米;

它是世界上桥面最宽的特大钢箱梁桥,桥梁两侧设置跨河慢行通道,钢箱梁全宽 61.7 米;

它是世界跨度最大连续组合钢箱梁桥,北岸跨大堤桥的主跨为 245 米。

它是当之无愧的桥中之"凤"。

距离凤凰黄河大桥约十公里之外,拥有"万里黄河第一隧"之称的济南济泺路黄河隧道直径超过 15 米,相当于在黄河底下建造了一栋近 5 公里长的五层楼……

助力济南北跨发展。未来,济南将形成 26 座跨黄通道布局,从济南市区跨越黄河将畅通无阻。

2019 年,芬兰赫尔辛基,一个因建筑之美而被称为"北方洁白城市"的地方,迎来了第一架来自山东济南的直飞航班。这一航线改变了以往济南地区旅客必须经其他地方中转,耗时长达十几个小时才能到达芬兰的状况,让两地空中时间缩短至十小时左右。

无独有偶,几乎在同一时间,一架波音 757 飞机由烟台蓬莱机场起飞,直飞日本东京成田机场。不过这次起飞的并非客机,而是一架全货机。烟台至日本全货机航线,是 20 世纪 90 年代初烟台至日本鲜活货运包机停航近 30 年以来,烟台机场再次开通的飞往日本的全货机航线。2021 年 8 月 12 日 9 时 11 分至 9 时 18 分,青岛胶东国际机场,三架飞机顺利起航,分别飞赴我国的政治中心、文化中心北京,经济中心、金融中心上海以及红色革命摇篮南昌、遵义。

7 分钟之后,来自"人间天堂"杭州的首架进港航班平稳降落在胶东机场跑道上,在隆重的"水门"仪式欢迎下顺利滑入机位。

至此,胶东国际机场的"一夜转场"顺利完成,正式投入运营。

从空中俯瞰胶东国际机场,航站楼的设计颇具未来感,在满足机场绿色环保和支撑后续庞大业务量的前提下,这个宛如"海星"的放射状结构建筑被最终命名为"海之梦"。新机场也就此被确认为传承地域文明、展示城市文化的新窗口。

作为国家发改委综合交通枢纽重大建设示范工程,胶东机场最大特色在于与高铁、地铁、机场站结合建设,实现了航空、地铁、高铁等交通方式的零换乘,旅客从航站楼通过连廊可以直接到达综合交通中心,在负二层可以换乘济青高铁或者地铁 8 号线前往青岛市区和其他城市,这也使青岛新机场成为全国首个集高铁、地铁于一体的零换乘机场。

从核心城市到区域中心城市,山东的立体航空网络正在不断完善。临沂国际机场年旅客吞吐量突破 200 万,威海国际机场年旅客吞吐量突破 200 万,日照机场年旅客吞吐量突破 100 万,济宁曲阜机场年旅客吞吐量突破 100 万,东营机场年旅客吞吐量突破 50 万……空中运输线,已经成为山东连接世界的便捷通道。

　　拥有 10 个运输机场的山东,已经是华东地区运输机场数量最多的省份之一。到 2025 年,这个数字将增加至 12 个,通用机场则将达到 30 个。据不完全统计,目前山东共执飞国内、国际航线 670 余条,其中国际航线 80 余条,与欧洲、北美洲、大洋洲、亚洲的多个国家直接通航。从地面到空中,立体化的山东,正迎接越来越辽阔的未来。

第二章 多元化视角下的山东文化特质

区域文化底蕴的丰厚度和品位的高雅度,是文化自信的基础,也是区域人文特色的象征,更与当地文化产业的快速发展和经济繁荣密切相关。为建设文化产业发达的现代文化强省和促进文化产业发展模式与区域经济产业结构的协同耦合,有必要从地域文化、历史人文、经济发展等维度,全面分析归结山东的文化特质,以期为促进山东区域经济的创新、协调、绿色、开放和共享发展提供理论借鉴和分析基础。

第一节 山东文化的地域特质

一、海洋文化特质

从地理角度看,山东位于祖国的东部,拥有黄海、渤海的自然资源。得天独厚的自然地理条件、优越的区位优势、旖旎的自然风光成为山东发展具有海洋特色文化的不可多得的载体。尤其是青岛,由于其地处山东半岛中部南侧胶州湾畔,而拥有世界上最美的海岸线与山海城一体的城市风貌,其特殊的地缘优势和自然的物质基础,使其成为我国首批计划单列的沿海开放城市和山东半岛蓝色经济区的龙头。

从城市发展的历史演变来看,山东东部的文化具有明显的东夷"海岱文化"特点,无论是驻军还是平民,自古就有靠海吃海的生活模式和思想观念。19世纪末青岛兴建港口,既增强了其国际进出口贸易,也使其在与大海和外来侵略的斗争中逐渐创造了相关的物质文明和精神文明。从传统的栈桥回澜阁到时尚的海派建筑,从宗教色彩浓郁的崂山道观到开放的海水浴场,从历史上著名的红瓦绿树、碧海蓝天到现代的金沙白帆,培育出了特色鲜明的海洋文化。

而今的山东在青岛、烟台、威海、日照等城市形成了吸收融合、开放进取、广博宽厚的特色文化,并创建形成了优秀的城市品牌和海洋特色城市文明。特别是山东半岛蓝色经济区与黄河三角洲高效生态经济区国家战略的确立,为山东蓝色经济以港促陆、海陆统筹的发展,奠定了更高的发展平台;同时也促进和推动了山东沿海城市海洋文化产业的发展,为海洋文化产业与蓝色经济的协调发展耦合,打造了更加宽松、包容的社会环境,提供了更加多元化的发展机遇。

二、国际文化特质

首先,山东具有国际化的历史。西方"舶来"的思维方式和行为模式在与东方传统文化不断地对撞分合中,形成了山东有别于内陆地区的国际文化模式,各城市不仅有现代化的公用事业基础设施、环境优美的宜居生态,而更为重要的是,能按国际惯例高效率地推进经济与社会的运转。如依靠文化产业搭台,青岛的啤酒、潍坊的风筝、淄博的陶瓷等产品都形成了各具特色的国际知名节日博览会,而中国传统文化色彩浓郁的泰山登山、曲阜孔子文化及一大批自然景观更是走出"深闺",融入世界文化的传承和发扬之中,吸引了大量的外资企业的投资、数以万计的游客光临。这不仅促进了文化的频繁交流与文化产业的经济发展,也进一步加强了中国思维、方法、观念等文化模式在世界的传播以及话语权的争夺。

其次,山东的建设正迈着国际化的步伐飞速前进。在新的发展时期,具有国际化背景传统优势的山东,基于其自身发展的现状与优势,正抢抓蓝、黄两大国家战略区建设的重大机遇,并结合"一圈一带"发展规划,紧紧围绕科学协调、绿色和谐、创新率先、开放共享的发展理念,以世界眼光谋划未来,以国际标准提升工作,以本土优势彰显特色,进一步加快了以文化产业发展促产业结构调整的进程,推动了山东区域经济文化创新发展战略目标的建设步伐。例如,山东青岛市为在文化产业方面实现蓝色跨越,提出在市北、李沧等五区构建八个有影响力的民俗和设计产业园,全面打造宜居幸福的滨海现代化国际文化名城。而在具体工作中,青岛市更是注重与国际的接轨与交流,充分利用其国际化文化的资源和优势,促进世界多元文化的碰撞与融合。例如,青岛市在其老城区"一心一环"等社区的改造项目中,就先后聘请了美国 RTKL 公司及英、日等十余家国际著名设计公司共同参与规划设计。

三、齐鲁文化特质

虽然由于京杭大运河、胶莱运河的开发,以及江浙京津等外来人口的涌入,山东的地域文化融汇了华夏南北文化,形成了别具一格的特性,但仍以齐鲁文化为主流。山东文化中"齐"文化的特点具有思想较为开放的表现,具体为:思路上不拘一格、注重经济发展、礼仪实用简单;而其"鲁"文化则是一种尊礼的文化,表现为:亲亲尚恩、较为保守、秩序稳定。山东各地的城市文化以儒家文化为主体,与齐鲁文化大背景有着明显的继承与发展的关系,具有鲜明的齐鲁地域特征,即自强不息、刚健爱国、大公无私的特性。

当代山东文化对齐鲁文化进行了继承性发展,体现为:谦逊、朴实、忠厚、认真、直率、诚实、热情等,同时,也在不断借鉴、吸收西方的一些文化观念,诸如乐于接受挑战、理性、竞争、包容、开放、博大等,并把这种文化性格强化融汇到日常的城市生活中,演绎了山东文化继承与创新的新篇章。例如,青岛公益品牌"微尘",不仅铸造了一个热心公益、奉献爱心、展现社会风貌的群体,更体现了具有鲜明的时代文化特征的城市道德力量,成为珍贵的精神财富。

第二节　山东文化的历史人文特质

一、人居文化特质

山东有历史悠久的早期人类文化与文明。山东不仅有旧石器时代的沂源人化石,而且随着青岛胶州三里河遗址的挖掘,还拥有着包括上层的龙山文化遗址,下层的大汶口文化遗址,以及向前进一步推进至距今 5000 年前后的新石器文化——北辛文化。这些古老文化俱见证了山东人居文化的繁荣。从郁达夫笔下"万斛涛头一岛清"的秦末汉初齐王的田横岛展现的忠义精神,到始于明初的凭海临风、波光摇曳、"湛山一角夏如秋"大湛山驻守的屯垦军民等,都展现了山东深厚的上千年灿烂的文化底蕴。

留存在山东的近现代人文故居已然成为山东醒目的文化符号。儒家思想的发源地"三孔"、烟台的蓬莱阁、聊城的山陕会馆都记载着山东文化的繁荣;经由马濠运河、胶莱运河传载的江浙文化、京津文化入青所形成的中山路的劈柴院民居,以及清代故居,都已成为近现代中国青岛民居的代表。而 20 世纪名人们云集青岛,其在八大关所居住和修建的别墅,则共同塑就青岛独特的国际人居城市风貌和人文景观,并形成了厚重的人居历史,永远镌刻在青岛城市的历史基座上。例如 20 世纪之初到二三十年代期间,康有为、洪深、闻一多、萧军、萧红、老舍等一批文化名人的到来,为青岛这座文化沙漠城市建起了绿洲(闻一多先生的比喻),他们的故居被比较完好地保留了下来,成为青岛向世界诉说其人文历史的标志性见证物。现代的青岛、威海等城市已被建设部正式授予中国人居环境奖,成为中国最适宜人居的城市。

二、艺术文化特质

山东具有宝贵的艺术文化财富。山东有 100 多项国家级的非物质文化遗产,例如享誉海内外的杨家埠木版与高密扑灰年画,以及戏曲舞蹈艺术类的山东梆子、柳琴戏、聊斋俚曲、胶州秧歌等乐舞,既具有浓郁的地方特色,又不失为中华文明的文化瑰宝;而潍坊风筝、东阿阿胶等技艺的产业化生产,不仅能增收创汇,而且成为中国科技与文化有机结合的范例。特别是山东青岛秀掩重关的"八大关"花石楼、迎宾馆等浪漫温馨的传统欧式建筑,已成为"万国建筑博览会"的标志,而其背山面海、与园林和谐自然融合的地理设计理念,以及绿树掩映中细腻奢华的红瓦黄墙与碧海蓝天相互辉映的色彩景观,无时无刻地阐释着青岛独特的不可复制的浓厚艺术气质。

现代山东的艺术气息依然浓郁。被联合国教科文组织认定的中国优秀民歌——《沂蒙山小调》,其优美的山歌曲调,不仅描绘了沂蒙大地的"好风光",而且深刻展现了憨厚朴实的山东老区人民的性格。山东有良好的人才培育基地,培育了一大批出色的蜚声海内外的实力派歌唱家、艺术家乃至国际巨星。而且山东还有丰富多彩的基层文化活动。例如,专业院团公益文化大行动、"欢乐广场"周周演、艺博会等特色文化活动,都已成为山东展示其富有浓郁地域文化艺术才艺的舞台。此外,由文化部主办的影响广泛的中国国际小提琴比赛(青岛),成为山东促进国际文化艺术交流的重要平台。特别值得一提的是,山东青岛不仅有琴屿飘灯"小青岛",还有代表改革开放发展活力的、浮翠流丹的"五月的风"的现代雕塑以及艺术价值极高的东海艺影"海滨雕塑园"。不论是典雅的、古典的、与现代交融的汇泉湾畔老城区,还是浪漫的、中西合璧的奥帆中心情人坝,甚或是极具生命感的青岛建筑雕塑,不但使得青岛这座山海之城更趋完美,而且还成为城市的名片和符号。同时,也使青岛成为绝佳的天然片场,将地方的艺术夜空点缀得灿烂无比,促进了影视传媒等文化产业与其他行业领域多个产业链条的有机融合和衔接互动,使得各具特色的文化产业功能区与旅游产业并驾齐驱,相互促进,从而进一步吸纳更多的人才资金资源等创新要素的集聚,为青岛乃至整个山东文化产业的发展增添了动力和活力。影视传媒业已成为青岛经济转型发展的重要支柱产业之一。

三、宗教文化特质

山东的宗教文化影响着中国儒释道的兴起、繁盛与衰落全过程。首先,需要指出的是,以孔子为代表的儒家文化作为一种学说、思想和意识形态,虽不是宗教,但却成为中国以及东南亚一般民众的基本价值观和基本文化信仰,在中国乃至世界产生了其他宗教不可企及的深远影响。儒家所注重的品德教育、讲究礼仪治邦、善于思辨等主流思想,是有别于西方的虚无缥缈的顶礼膜拜的。其典型的人本思想仍然是当今社会治理体系建设与治理能力提升不可或缺的理论支撑之一。

其次,山东的佛教文化对释学的发展具有不可替代的地位。山东的佛教圣地古刹可谓是名声显赫,比如济南的灵岩寺是天下"四大名刹"之一;千佛山上兴国禅寺的石窟造像群与崖壁镌刻价值丰厚;汶上宝相寺的佛祖释迦牟尼佛牙舍利更是珍贵无比,震惊世界;千年古刹定林寺为北方神宗发源地,寺内"天下银杏第一树"为世界之最,堪称生物界中的"活化石",1982年联合国教科文组织曾对其进行过专题研究并向全世界播放。释学所倡导的出世入世有别、持戒修善悟行和以奉献实现个体价值的思想内涵,对齐鲁地域文化的形成和发展起了非凡的作用,在当下对和谐社会的建设也具有重要的借鉴价值。

再次,山东的道教文化底蕴深厚,深刻影响着中国的传统文化。道教是信仰体系中具有鲜明的中国特征的宗教。在两千多年的封建时代,无论在时间上还是空间中,被道教尊奉为东岳大帝泰山神、泰山圣母碧霞元君等山神诸仙,对中国古人在心理和行为中都产生了巨大影响,不仅无数文人墨客、皇亲贵戚顶礼膜拜,甚至至高无上的天子也要叩拜,祭天——"封",祭地——"禅"。崂山是传统道教圣地,有"九宫八观七十二庵"之鼎盛的记载。这些观、庵大都依山面海,散落在峰谷崖壑间,别具一格。崂山是道教发源地之一,素有"东海仙山""道教全真天下第二丛林"的美称。崂山有宋太祖敕封为"华盖真人"的刘若拙、"北七真"的丘处机和一批养生修身的方士之流,他们都留下了丰厚的历史文化遗产。崂山林木繁茂,资源丰富,风景优美,气候温和,享有"海上名山第一""崂山小江南"的美誉,是中外游客的热点选择。崂山的道教音乐所具有的东夷文化气息,使其产生了特殊的文化吸引力,成为珍贵的国家级非物质文化遗产项目。崂山的宗教旅游具有极高的文化价值。另外,蓬莱仙山八仙过海的故事更是充满着古人对世界探寻的实践思想。

四、民俗文化特质

山东不仅具有浓郁海派情调的现代化的开放文化,在其丰富的历史文脉和文化资源中,也蕴含并衍生出了强烈的民俗风情和风貌。山东国家级文化遗产的民俗特点鲜明,如山东潍坊的杨家埠年画、风格独具的崂山道教音乐、柳腔等民间艺术活动,青岛海云庵糖球会和萝卜元宵山展现的传统民间工艺与民间小吃,色彩鲜明、容貌逼真传神的济南面塑,想象力惊人、风格简练明快、手法细腻的剪纸艺术与风筝,以及以中山路劈柴院为代表的民间居住所形式的里院建筑和入选的国家级、省级非物质文化遗产的泊里红席编制技艺及胶州剪纸、虎头鞋、虎头帽等系列民俗民间文化旅游产品。另外,以妈祖为代表的沿海民间民俗信仰的原生态文化节、民俗村,精心打造的东阿阿胶、北方传统黄酒"妙府老酒"品牌以及博物馆、青岛啤酒博物馆等展示的山东传统与文化,都从不同的侧面对山东的民俗文化的多元内涵特质和包容理念进行了诠释。特别是"闯关东"文化带来的移民交流风俗,对齐鲁文化传播做出的贡献不可估量。

五、科教文化特质

山东青岛有兴办高等教育的传统历史。山东青岛从一个小小渔村发展成为一个拥有800多万人口的现代化大都市,其地位和影响当然不能与北京、上海、天津等具有厚重显赫历史的通都大邑相媲美;在历史时段的独特价值和意义上,也无法与南京、重庆、桂林、昆明、延安等相提并论。但是,作为中国较早形成的沿海开放城市,因为地缘的优越与气候的佳胜以及民风民俗的醇厚质朴,一代代仁人志士在青岛这座历史文化名城的教育园地上辛勤耕耘,无私奉献,倾注心血和汗水,走过了不平凡的历程。正是独特的名校建设、名师传承,秉承了齐鲁大地尊师重教的优良传统,融汇了建置百余年来中外先进的教育成果,成为山东科教文化的见证。从青岛德华特别高等专门学堂(1905—1924 年)的新式学堂的创立,到私立青岛大学时期(1924—1929 年)高等教育的民间办学模式,再到国立青岛大学时期(1930—1932 年)高等教育的名校名师模式的创办,以及国立山东大学时期(1932—1937 年)高等教育的名校名师模式的延续,经历了沦陷期的青岛高等教育的断裂(1937—1945 年)以及抗战胜利后青岛高等教育名校传统的复兴,其历程曲折艰辛,但也记载着山东乃至中国科教发展的波澜壮阔。

当代山东的科教事业具有特殊的禀赋。山东具有丰富的科教文化资源,为区域经济与社会的发展提供了重要支撑。山东不仅具有百余所高等学校、数百万的在读大学生、职业学校学生,而且各类文化机构、基础设施、文化公共服务平台也都相当完善,具有较好的发展文化产业的人才、科研条件和文化氛围。特别值得山东骄傲的是,作为国家级海洋科教与水下文化遗产重要保护基地,山东青岛拥有占全国 1/4 的海洋科教机构和国家实验室平台,涉海人才丰富,全国近八成的涉海院士在此集聚。独特的海洋科教资源禀赋,为山东蓝色经济的发展插上了飞翔的翅膀。

第三节　山东文化的经济特质

一、工业文化特质

山东青岛是一个工业品牌之都,经济活力十足。山东注重推进创造、设计和标准的融合发展,"名牌效应"效果显著,有力提高了企业市场核心竞争力,增强了企业在国际国内的"标准话语权",促进了全省经济和社会的持续、快速、协调、健康发展。而在中国的近现代工业历史长河中,在传统的纺织、化工、机械、船舶、食品、饮料等工业领域,青岛作为中国老工业品牌城市的象征,具有不可替代的重要作用。改革开放以来,山东政府注重引导企业加大技术研发和科技创新投入,促进山东省工业转型升级。例如世界知名的海尔、海信、澳柯玛等企业的发展,不但使青岛拥有具有知识产权的高新技术产业品牌,进一步提升了青岛的产业形象,提高了青岛城市的综合竞争力,而且显著发挥了青岛市山东经济发展的龙头作用。

工业旅游品位独特。山东企业品牌文化的打造,形成与发展了高品位的工业文化旅游资源,为山东文化与城市旅游增添了别具一格的特色,把品牌的影响力演绎到了极致。在百年工业发展历程中,青岛建构了具有地域特色的老工业品牌文化,形成了我国经济发展的"青岛现象"。在新经济时代,青岛又将传统的工业文化凝聚升级,将企业的文化作为工业旅游文化的主元素,展开了极具文化色彩的工业旅游开发,输出自己的企业文化与思想,被授予了"青岛工业旅游示范点",而相应的工业旅游也产生了属于自己的比较发达的文化内容,并产生了广泛的影响。譬如,海尔"真诚到永远"、青岛啤酒"玉液琼浆:青岛啤酒欢迎您"等工业旅游项目,不仅展示了独具特色的企业文化内涵和底蕴、系统精确的经营理念和战略、规范科学的管理模式和制度,而且通过体验式文化,把品牌的价值第一时间进行了有效传递,在获取形象效益和经济效益的同时,进一步提高了消费者对产品的信赖忠诚度、黏度和认同感。

二、商贸文化特质

山东的商贸文化特征是与生俱来的。在先秦时期,山东即墨就是齐国工农业和商贸发达的政治、经济和文化中心之一,其发达的农业与手工业,使山东成为汉代"丝绸之路"的源头,有"冠带衣履天下"的美誉。京杭运河、胶济铁路的贯通,促进了物流的顺畅与行人的便利,也促进了济宁、聊城、潍坊等山东相关城市沿途商贸的商业繁荣。

现代山东的商贸文化更加呈现的是多元态势。一是特色城市的建设。如青岛的电子产品、淄博的陶瓷、临沂的商贸批发等。而在城市建设中,除了传统的商业模式,即通过命名建设一系列的特色街区,如浪漫温馨时尚的婚纱街、飘香流彩的美食街等,也围绕一个主题,使众多小微产业形态精品荟萃、高度集聚,从而将物流、商流、人流与信息流等在此汇聚,形成了可观的规模效应,并辐射带动了相关休闲、娱乐等服务产业的发展。二是商旅的结合。商业资源与旅游资源的相互支撑,大型国际化博览会与专业化的经贸活动,在专业化的团队保障下有机糅合,已成为山东靓丽的名片,更加促进了富有现代气息的商贸旅游文化的持续发展,也透视着山东商贸文化历史的深厚底蕴。

三、节庆文化特质

节庆文化是山东特色文化中一个不可或缺的因子,它在带来旅游人流的同时也形成了自己独特的本土优势文化。如将弘扬东方文化的曲阜孔子文化节作为文化盛宴,以超越仁礼的儒家地域与文化范畴,成为世界文化的价值载体;将源于唐代的泰山东岳庙会作为中国庙会文化的源头之一,把泰山崇拜和道教紧密结合,促进了百业兴旺、祥和升平;以浓郁的渔文化为特色的青岛的田横祭海节,着力打造为公众参与度最大、仪式保存最完整的祭海民俗盛会;通过海云庵糖球会汇聚各类民俗文化以实现交流共享,将普通的糖球打造成了畅销食品;将天后宫庙会作为人们辟邪除灾、迎祥纳福的福地,凸显人民的纯朴思想、美好向往;为祈求出海平安和渔业丰收的蓬莱渔灯节等非物质文化遗产的节庆活动等,都是山东具有特色和发展潜力的会展和节庆品牌,共同构成了山东一道道亮丽文化特色风景线。但它们仍需要进一步挖掘、彰显、保护、传承和创新,努力引导培育,创建品牌意识。

山东的现代产业节庆活动种类繁多、形式开放,并产业联动,形成了有影响力的经济社会综合效应。一是突出文化引领,采取市场化运作。如青岛国际啤酒节等品牌节庆,虽然是政府主导,但突出文化引领,采取市场化运作和消费拉动,并争取外资参与,形成了巨大的广告价值与影响力,产生了巨大的轰动效应和长期效应,并保持了良性运转。二是坚持世界眼光,突出国际化特色。如菏泽国际牡丹花会、潍坊国际风筝节、中国国际航海博览会和中国国际小提琴比赛的举办,通过交织多元文化,兼容汇聚了文化产业要素,提升了山东国际竞争力和知名度,增加了旅游产品的文化附加值。三是坚持高端引领,突出专业化方向。如中国国际海洋节的举办,通过充分发挥青岛海洋科技、蓝色经济的优势,集聚人才高地,以办好海洋科技与产业论坛,增加文化产业的科技创新附加值。总之,这些节庆活动不仅体现出山东具有海纳百川、兼容并蓄的气魄和胸襟,而且呈现出山东具有东西文化汇流、古今文化贯通的优势,更凸显了城市文化与乡土民间文化结合、海洋文化与大陆文化共生的文化特征,准确地表述了山东文化形象理念的定位。

四、农耕文化特质

山东虽然有沿海开放的国际化都市,但其广袤的城市区域里也蕴藏着丰厚的农耕文化特质。威海海鲜节、莱阳梨花节等无不印记着浓郁的农耕气息。即使从国际化程度比较高的大青岛的概念来看,在由渔村蜕变为现代都市的数千年里,青岛经历了由广义的海牧农耕文化到陆域农耕经济文化,再到工业文明为基础的海洋文化的演变。但无论怎样进化发展,农耕文化都是一切文明的基础和文化的根基。现代的青岛还拥有深厚的农村腹地,虽然乡镇工业得到了充分的发展,但由农业生产实践活动所创造的传统的农耕文化以及与此相适应的劳作方式、文化生活习俗,还根深蒂固地内嵌于乡村文化的沃土之中,并深刻地影响着区域经济文化的发展。

现代农业向往具有原生态的乡村生活,所以对传统农耕文化的传承与改造,成为一种文化景观形态。发现和挖掘古老且现代的与农业活动直接相关的各种文化活动,包括有特色的技术与管理方法,秉承应时、取宜、守则、和谐的农耕文化内涵以及崇尚自然生态,重视循环节俭、趋时避害的做法,必将增强城乡文化的价值认同感和趋同意识,从而进一步提升和完善城市的文化内涵与底蕴,实现历史性的跨越。肥城桃花节、枣庄万亩榴园行等都是其中的具体体现。

第四节　山东文化特质的时代价值

山东的文化底蕴深厚、丰富多彩,在地域文化、历史人文、经济发展三个维度,可归结为海洋、国际、齐鲁、人居、艺术、宗教、民俗、科教、工业、商贸、节庆、农耕等 12 个文化方面的特质,这些特质对建设大美山东,乃至中华民族的文化自信,都具有重要的基础性作用。

首先,明确山东的文化特质有助于增强我们国家的文化自信。文化自信是道路理论与制度自信的基础与支撑。文化作为一种传承,是民族自强不息的力量源泉,可以明确我们从哪里来往哪里去。山东作为齐鲁文化的发源地,其独特的发展历史与深厚的文化背景及其衍生出的特色民风民俗、其优越的地理区位与丰厚的资源禀赋及其蕴含的发展活力,以及其超前的创新意识与现代价值理念及其辐射出的强大感召力,直接影响山东省乃至全国社会发展规划的设计和路径选择,成为我国文化自信动力的源泉之一。

其次,明确山东的文化特质有助于大力发展山东区域文化产业。文化产业市场的发展与繁荣,不仅可以极大地丰富人民群众的业余文化生活,增强区域发展的"软实力",也是经济新常态下,调结构、稳增长、创新发展,实现区域经济创新、协调、绿色、开放、共享发展的国民经济支柱性产业路径选择之一,更是建设文化强国的客观要求。对山东文化的特质进行分析和挖掘,有利于山东文化产业标志性产品的个性发展,使其在激烈的市场竞争中,通过选择差异化战略,选择蓝海而不是红海进行发展。

最后,明确山东的文化特质有助于树立山东形象及其塑造。传统的山东人忠厚朴实,热情大方,豪爽义气,人情味浓,责任感强。但受儒家文化的影响也最重,有时也会出现反面的形象,诸如比较保守而创新有限,比较豪气而变异为粗鲁等。对山东文化特质的解读细化是对山东旅游地的自然特色与文化精华的高度概括,有利于"文化圣地,度假天堂"的新跨越品牌形象的打造,有利于全面提升山东文化的无形价值,有利于山东文化产品主体功能的确定,从而为山东文化旅游产品突破竞争重围走向世界奠定基础。

第五节　山东品牌的文化内涵

2018 年 5 月,首届中国自主品牌博览会将在上海展览中心举办,展会主题为"中国品牌,世界共享"。35 家山东企业将参与展会,带去齐鲁品牌厚重的文化气息。100 多年前,张裕创始人张弼士说:"只要发愤图强,就能后来居上,祖国的产品就会成为世界名牌!"在打造世界名牌的道路上,无数山东企业付出了艰辛努力,也收获了满满的果实。

一、老字号与新品牌共同发力

"中国有 15000 个老品牌,有 1500 个还活着,150 个活的还算不错,但只有 10 个能够称得上活得很好。"——上海交通大学品牌研究所所长余明阳。

张裕,便名列 10 个"活得很好"的品牌之中。对于很多人来说,张弼士是一个陌生遥远的名字,但因这个人而诞生的一样东西,却走进了我们的日常生活中,成为记忆的一部分,这就是张裕酒。

在1949年前的半个世纪里,张裕是我国唯一的葡萄酒品牌;更为重要的是,那个多灾多难的时代,它是为数不多的甜美记忆——在1915年举行的巴拿马万国商品展上,张裕酒一举夺得四项奖章,这在整个近代史上都是罕见的。

斯人已逝,青名留史。张弼士留给中国的,不仅是天文数字般的财产和一个品牌,他还代表着近代中国的一种精神,那种精神只有在历史的长河里才能找到。

张弼士说:"只要发愤图强,就能后来居上,祖国的产品就会成为世界名牌!"他的这种精神,同样融入齐鲁百年品牌的行列中。从沿海到内陆,张裕、阿胶、宏济堂、瑞蚨祥等著名民族品牌,成为山东的重要符号。它们历经岁月磨砺,历经无数技术革新,历久弥新,充实了齐鲁文化的内涵。

一个品牌的诞生并非偶然,其过程与地域文化有着千丝万缕的关系。成立于1907年的宏济堂,将"炮制虽繁必不敢省人工,品味虽贵必不敢减物力"立为堂训,传承了厚重的齐鲁文化。2016年,"人工麝香研制及其产业化"项目获得国家科技进步一等奖,代表了我国中医药健康产品及科技创新的最高水平。

2019年6月19日,山东省商务厅联合省老字号企业协会共同发布了《山东老字号发展报告》白皮书。数据显示,目前山东共拥有省级以上老字号企业346家,平均年龄96岁,其中年营业收入过亿元的企业99家。经省商务厅认定的山东这346家老字号,平均年龄96岁,具有百年以上历史的企业105家。按创立年代划分,清末之前创立的企业或品牌90家(数量占比26.0%,规模占比19.2%),民国期间创立的企业或品牌129家(数量占比37.3%,规模占比33.4%),建国后(1949至1956年之间)创立的企业127家(数量占比36.7%,规模占比47.4%)。企业平均年龄96岁,其中,具有百年以上历史的企业(指1919年及以前创立的商号,如青岛啤酒、宏济堂、春和楼、玉堂酱园、武定府、广育堂等)共105家,占比为30.35%;营收规模421.86亿元,占比21.24%。

从行业分布看,346家企业主要分布在百货零售、餐饮酒店、粮油食品、酒水饮料、纺织服装、中医药保健品、轻工工艺、农林畜牧等十几个与百姓日常生活息息相关的领域。

2018年,全省346家老字号企业合计实现营业收入1985.9亿元,比2017年增长9.4%,其中,年营业收入过亿元的企业99家(数量比2017年增加14家),营业收入超过10亿元的企业20家,营业收入超过百亿元的企业7家。346家企业中,有241家企业实现营业收入增长,占比达七成,其中109家企业的增幅达到两位数,占比为31.5%;企业的整体利润增长2.2%,其中213家企业实现了利润增长(占比61.6%)。

全省346家山东老字号中,拥有非遗技艺的企业140家(占比40.5%),其中14家国家级非遗,52 家省级非遗,64 家市级非遗以及 10 家市级以下非遗。

初步统计,2020 年,山东省级以上老字号企业从业人数 30 万人,同比增长 6％以上;实现营业收入超过 1750 亿元,增长近 11％;实现利税 264 亿元,增长 7％;实现进出口 149 亿元,增长 5％,其中出口 126 亿元,增长 4％;实现网上营业收入超过 50 亿元,增长 27％以上。[①]

老品牌,新形象。经历了凤凰涅槃的变革,一个个曾经凋零的老品牌逐渐恢复了生机,在齐鲁大地上展现出新的形象,并以前所未有的姿态走向未来。老品牌焕发活力,新品牌蒸蒸日上。成立于 2006 年的韩都衣舍已成为中国电商领域的一匹黑马。在互联网领域,山东起步晚,但并没有失去进阶的步伐。"80 后"的罗公祥,历经 8 年努力,将锣响汽车从默默无闻的小工厂发展为仓栅车产销量全国第一的大型生产企业。

品牌可以是一家企业,可以是一个产品,也可以是一个村庄。阳信县商店镇小司村党支部书记黄春生,带领村民探索出一条"以农为本,工业兴村"的发展之路,实现了村富企强、和谐发展。

以孟洛川、苗海南、张东木等为代表的民族资本家,注重营利基础上诚信礼仪,以家国情怀为最终抱负,危急时刻,毁家纾难,将个人信义和社会责任完美演绎。

孟洛川以诚信竖立瑞蚨祥大旗,张瑞敏怒砸冰箱成为经典商业案例。一个品牌的形成和维护,与其所传承的文化有莫大关系。所谓"大道儒商,响彻全球",一代代儒商不以个人得失为准绳,而是将时代与个人紧密结合,以宽厚的文化底蕴为依托,放眼世界,砥砺前行。

二、齐鲁文化是山东品牌最厚重的背景

成功塑造一个品牌需要多少年?顶级品牌最核心的因素是什么?

有欧洲的品牌学者花了 6 年时间,对 20000 多个全球品牌进行筛选,找出其中 5％的顶级品牌,一共筛选出 1045 个品牌。然后,他们深入地分析和研究这些品牌成功的原因。最后,他们发现,这些顶级品牌成功的核心原因,就是打造产品之外的品牌附加价值。

从没有一个时代像今天这样,拥有如此众多的品牌;从没有一个时代,品牌深刻影响着我们的生活。消费习惯和品牌影响力合二为一,逐渐深入到每一个市场行为中。

一瓶红酒的文化意义,一台冰箱的生活美学,产品背后,是新的存在。品牌背后,是品质;品质背后,是美学的广度。产品并非冰冷的物质,而是含有体温的文化。就这一点而言,齐鲁品牌有诸多优势,也有诸多劣势。

新旧动能转换成为山东最重要的话题。旧动能随风而逝,新动能砥砺人心。在破旧立新的使命召唤中,山东品牌的全球影响力将进一步拓展。机遇面前,新的品牌必定也会如雨

---

① 数据来自齐鲁网:http://news. iqilu. com/shandong/shandonggedi/20180123/3818384. shtml

后春笋般蓬勃而出。

文化是一种解释学,品牌亦如此,二者一脉相承。在文化复兴成为国家发展战略的大背景下,需要认识文化自信与文化自觉的关系——先有文化自信,后有文化自觉。而谈到文化与品牌,就不得不说,文化是创造品牌、沟通氛围的必要条件。过去,品牌竞争看渠道、价格、质量等;如今已上升到文化层面,品牌的门槛更高,也更注重对话。

齐鲁文化就是山东品牌最厚重的背景。在不断对话中,山东品牌越来越厚重,千钧之力而身轻如燕,在创造历史中不断走向未来。

第三章 山东省区域文化研究——以青岛市为例

第一节 论青岛文化

青岛文化,总括起来可以说是下面三种文化:工业文化、海滨文化(海派文化)、新城文化。

一、工业文化

青岛是一个工业城市,从建市起就以工业为主,当年的"上、青、天"就说明了青岛作为一个工业城市在全国的地位。改革开放后,青岛的工业更是以大踏步的行进速度行走在全国工业城市的队伍中,取得了骄人的成果。

青岛是一个港口城市,改革开放以来,尤其是初期,从海外"舶来"的文化思想,总是早于内陆的城市在青岛"登陆",青岛受其感染,率先走上了一条讲效率的道路。青岛人爽直、实干,与青岛的地理位置是不无关系的。青岛人的实干精神,为其发展成一个工业城市提供了基础和保障。

青岛的工业先进、厚实、国际化、多样化,前几年青岛提出"品牌战略",在品牌上做文章、下功夫,使青岛的工业产品名牌频出,青岛家电、机车、汽车、化工、服装、海洋药业、食品等都有许多在全国乃至世界上打得响的名牌,如海尔、海信、澳柯玛、四方南车、双星、即发、红领、巴龙、青岛啤酒等,都是响当当的名牌。实行了"品牌战略"以后,新的名牌正孕育待生,相信青岛的工业在其城市职能定位(工业化城市为其城市职能之一)、优良的工业传统及国内外大形势下以其独特的优势屹立在民族工业之林和世界工业之林,为青岛、为国家民族做出自己应有的贡献。

二、海滨文化(海派文化)

青岛地处我国的东海岸,海派文化显著,改革开放后,我国东部沿海一带由于气候条件、人力资源、交通条件(与内陆交通和海外的交通)的优势,在招商引资过程中占尽了天时、地利、人和,迅速地成长为中国的富裕地区,青岛也身在其中。除上面所说的工业外,青岛还是一个文化城市、旅游城市、消费城市,青岛的文艺界、体育界人才辈出,2008 年,青岛成功地举办了奥林匹克帆船比赛,成为北京奥运会的伙伴城市之一,极大地提高了她的知名度,青岛每年的啤酒节、服装周、海洋节、电影节,吸引了大量的海内外游客,为青岛经济和文化带来强有力的影响力。青岛市容干净、天空蔚蓝、环境优美,青岛的建筑有"万国博览会"之称,"碧海蓝天"书不尽,今朝新景更层出,青岛被誉为"东方的瑞士",游人们常用"美丽"一词来形容她。青岛工业发达、大学居多、居民素质较高,海内外前来投资和择业的人士很多都很看好青岛,青岛在二十世纪三四十年代文人荟萃,改革开放后的新时期的青岛也为知名人士和文人学者开辟了广阔的文化交流的天地,很多名人签字售书都愿到青岛来。青岛的风光、风景被无数次地摄入电影故事胶片中,这是青岛人引以为自豪的事情。青岛提出建设"国际化大都市"的宏伟目标,时时被人们津津乐道,青岛正以她海洋般广阔的胸怀迎接着来自四面八方的宾客,正以她澎湃的浪潮赶超世界的潮流,青岛可以说是海派文化的典型城市之一,青岛的大海是美丽而广阔的,青岛的未来是无限美好的。

三、新城文化

青岛建置才一百多年。青岛原来是一个小渔村,后开埠渐成一城市,所以说青岛是一个新兴城市。青岛从一建市起就没有什么束缚,青岛是个港口城市,"舶来"的西方思维方式、行为方式是要早于内陆地区的,青岛人新潮、实干、行动迅速、不尚空谈,这是她"新"的一个特征。青岛最老的著名建筑也才有一百多年的历史,在地域上,青岛有很大的空间进行新的发展。青岛人的新思维、新方法、新观念总是接受的很快,这为她成为一个著名的工业城市、文化城市做了较有力的保障。青岛人热情、有朝气、敢想敢干,纳百川而行之,博万长而扬之,青岛天新、地新、人新、事业新,在不久的将来,"国际大都市"将成为她名副其实的头衔,我们祝愿她,盼望那一天快快到来。

四、让文化造福市民生活

青岛将进一步优化文化存量资源配置,扩大优质文化产品和服务供给,满足市民日益增长的文化生活需要,让市民走进幸福新时代。

党的十九大报告指出,满足人民过上美好生活的新期待,必须提供丰富的精神食粮,完善公共文化服务体系,实施文化惠民工程,丰富群众性文化活动。

近年来,青岛市始终以市民不断增长且日益多元化的文化需求为基准,以提升百姓幸福感为出发点,坚持"全民共享文化发展成果",催生了众多公共文化服务的良好样本,人民群众文化获得感日益增强。[1]

---

① 吕铭康.青岛艺海[M].青岛:青岛出版社,2019:54.

在党的十九大精神和中央关于公共文化服务体系建设一系列战略部署指引下,青岛将进一步优化文化存量资源配置,扩大优质文化产品和服务供给,满足市民日益增长的文化生活需要,让市民走进幸福新时代。

(一)文化活动"沉下去"

用文化凝聚城市力量,用艺术点亮百姓精神家园。为丰富市民文化生活,提升市民文化素养,2017年10月,青岛市委宣传部、市文化广电新闻出版局联合打造了以"欢动青岛、书香青岛、诗韵青岛、光影青岛、创意青岛"为主要内容的市民文化艺术节,启动"百个社区大展示、千支队伍大竞技、社会各界齐参与、百万市民共享受"的"城市文化嘉年华",市区两级组织文化活动6万余场。

作为市民文化艺术节的重头戏,"五王"大赛通过海选全市"歌王、舞王、戏王、琴王、秀王",引领全市百姓"唱响中国好歌曲,舞出中华好风采,演绎经典好戏曲,琴颂古今好乐章,展现传统好技艺"。

经过多年精心打造,"五王"大赛已组织20余万普通市民走上舞台,一展风采,成为岛城一块家喻户晓的群众文化活动品牌,荣获山东省政府创新奖,入选文化部全国百个基层文化志愿活动典型案例。

为擦亮联合国教科文组织创意城市网络"电影之都"这张城市文化新名片,2017青岛市民文化艺术节还特别设置了"光影青岛"板块,其中的"我爱电影之我陪爸妈看电影"征文活动共收到社会各界投稿3000余篇,多篇文章成为微信朋友圈爆款。

在此期间,青岛市民用饱蘸深情的笔触写下了与父母一起看电影的点点滴滴。有网友留言说,"工作节奏快,每天都忙得晕头转向,但我内心却希望多陪陪爸妈,今年我可以选择看电影这种生动而艺术的方式陪伴他们,父母和我感觉更温暖了。"

作为青岛市民文化艺术节的一项文化创新,青岛市"十大文化工匠"评选令人耳目一新。该项评选共收到参赛作品近500件,其中诸多精品力作,显示了青岛传统手工艺界藏龙卧虎的文化底蕴和中西交融的文化魅力。

在这个平台上,众多青岛文化匠人纷纷"献宝":青岛市手工艺协会的艺术家们联袂报送了一系列走在国际国内前沿的艺术作品;有基层的手工艺者送来饱含着传统审美和泥土芬芳的作品;更有通过报纸、网络等渠道关注到活动的市民,送来了他们的心血之作。

(二)文化供给"提上来"

社会主义先进文化,必须坚持以人民为中心的创作导向,推出思想精深、艺术精良的优秀作品。青岛创排的一批有思想、有筋骨、有温度的作品不断涌现,文艺精品广受群众喜爱。

为满足广大市民日益增长的文化需求,青岛市城阳区自2011年起在全国率先实施了"文化超市"惠民服务项目。该项目以"文化超市"网站为基础,按照"政府主导、市场运作、市民受益"的原则,由基层社区和群众自主选择文化产品,区、街两级财政共同出资购买,向街道、社区、新市民集聚区、企业等配送。

"文化超市"服务项目包括:第一,文化演出惠民服务。每年向基层社区免费配送综艺、戏曲等专场演出1000余场,并聘请专业院团每月举办话剧、各类音乐会等高雅艺术惠民演出。

第二,图书报刊惠民服务。每年向基层配送实用图书4万余册,报纸杂志、音像资料1万余期,所配送的图书全部纳入总分馆制进行管理。

第三,公益电影惠民服务。按照每个社区及新市民聚集区每月一场电影的标准,每年配送电影2000场。

第四,文化培训惠民服务。建立群众文化工作人才库,每年深入基层进行舞蹈、器乐、书画等艺术培训和国学、礼仪、养生保健等知识讲座300余场。

"文化超市"项目从群众需求出发,有效避免了公共文化服务供给的"一厢情愿",以群众公共文化需求端去指导供给侧,从而达到公共文化服务供需平衡。

近年来,青岛依据《中华人民共和国公共文化服务保障法》,加快文化设施建设,为开展公共文化服务搭建新平台。目前,全市共有公共图书馆13个,文化馆13个,博物馆82个,国办美术馆3个,剧场9处,电影院56家,镇、街道综合文化站129处,村、社区文化活动室实现全覆盖,构建了覆盖城乡的四级公共文化设施网络,基本形成了15分钟文化圈。

青岛市财政投入资金新建、改扩建了青岛大剧院、市图书馆、博物馆等一大批重点文化设施,规划建设面积16.7万平方米。举办"领读一百天,改变人生路"全民阅读系列活动200余项,被评为全国十大数字阅读城市。成立青岛市图书馆联盟,30家图书馆实现了馆际互借、资源共享,方便了市民借阅。

(三)文化消费"促上去"

培养市民消费习惯,才能引爆文化消费动能。作为全国首批试点城市,青岛市委、市政府对扩大文化消费工作高度重视,以看书、看演出、看电影和共享培训体验的"三看一共享"活动为突破口,通过"一卡一云一平台",即发放文化惠民卡、建设惠民社群云、搭建文化消费公共服务平台,整合影院、书店、剧院、文化培训机构等文化消费资源,以政府补贴、专属折扣、积分奖励等形式,对参与看电影、看书、看演出、艺术培训的市民给予最高50%、年度总额不超过500元的补贴。

"三看一共享"活动将坚持"文化惠民",扶持培育优势文化创新企业,以文化消费补贴释放文化消费潜力,促进文化消费结构升级,致力于充分发挥文化消费对经济增长的拉动作用,文化惠民的春风雨露将覆盖更多百姓。

第二节　青岛红色文化

一、青岛红色文化形成的文化渊源

红色文化吸收和借鉴了其他文化优秀成果基础。中华民族有着数千年的漫长传承,发展为自身独特的文化以及民族思想,形成了较为丰富的文化积累,也有着非常深厚的精华内容,有着一定程度的糟粕问题,但更多是具备显著特色的精神财富,特别是蕴藏的仁爱、民本等多种重要思想,都有着中华民族特有的文化内核以及思想。这也传承了传统文化特有的正义无私、自强不息的精神内涵,青岛红色文化吸收了中华传统文化的优秀成果。从青岛群众的大量事例不难看出,群众有着不断拼搏的精神,青岛的将领与士兵把不畏艰险、艰苦抗战表现得淋漓尽致,毛泽东强调:"自强不息精神作为民族复兴的关键精神支柱。"习近平强调:"数千年的文明传承形成了优秀文化,这也演变为华夏民族的根源所在,极大程度上影响国人的思维以及行为。"中国共产党极为关注传统文化的开发以及拓展,实现了更为深入的扬弃以及发展,达成了新的创新型转化,促进了中华优秀传统文化的发展与成长。红色文化思想通过沿袭最新的文化成果实现重要的凝练,和中华传统文化有着极为密切的联系。

悠久的齐鲁文化。齐鲁文化中的儒家文化是青岛红色文化形成的重要文化渊源,其提出的仁义礼智信以及教育思想深深影响着青岛红色文化;山东佛学、道学的发展也为青岛红色文化的形成提供了智力支持;当地东夷文化是青岛红色文化形成的基础,三者有机融合,是青岛红色文化的重要文化渊源。

马克思主义认为有必要将该思想和人类文明体系进行密切关联,不得将其进行割裂化的处理。无产阶级实际开创的各类文化成果,通过历史证明确认可以满足文明建设的各类需求,在吸纳历史发展进程中提供各类优秀文明成果。红色文化的整体发展与演变,也吸收借鉴各个国家的卓越成果。深度学习与整合最新的思想与理论,实际掌握优秀文明成果,对初期阶段革命家发展信仰、选择科学道路等有着极大的价值,使知识分子能用宽阔的眼界和博大的胸襟认识与掌握世界发展局势,对中国红色革命实践发挥了至关重要的作用,也对红色文化形成产生极为巨大的助力。

二、青岛红色文化的精神特质

(一)地域性

文化生态学认为,一种文化的存在与所在的地区、自然条件和社会人文环境有必然的联系,会展现其突出的地域生态特征,称为地域性。先进的人民,尤其是共产党人生活过、学习过、工作过、战斗过、牺牲过、胜利过、失败过的所有地域,革命分子的活动足迹、生存空间、文化精神传承的地域,战争发生的革命大后方、敌我统治区、事件地点都是红色文化的地域。

青岛独特的地理位置和人文环境使青岛红色文化深深扎根于青岛地区,并且被青岛传统的区域文化滋养与熏陶,凸显了青岛地区独有的地域特色。首先是地区靠海,地理位置得天独厚,海陆交通十分便利;其次地理形态丰富,拥有广阔的平原,地势不崎岖的山地丘陵,可以发展渔业、农业、工业等,将红色文化与当地企业文化相结合,进行企业团建;最后是自然环境优美,红色文化产业与自然景观相辅相成,开发具有青岛文化特色的旅游业,打造绿色旅游、自然旅游、红色旅游,突出了青岛地区的地域特色。

(二)人民性

青岛地区是山东抗战革命地区的重要组成部分,大量的英烈在抗战、解放战争以及新中国建设的过程中,提供了极大的支持以及助力。战斗中的鲜血浸满了整片土地,红色希望播撒全青岛。青岛人民凭借对党和国家的忠诚与热爱、自强不息与无私奉献积极参与战争,其依托自身的智慧以及劳动,进而对最终的胜利提供了极大的支持。青岛的"红色基因"由无数英雄烈士以血和生命捍卫,并且组织了较大规模的工人运动,积极配合相关的抗日武装斗争活动,知识分子以笔创作爱国诗和文章,党员干部以发展为目标,致力于新中国的建立。在革命战争到抗日战争时期红色文化能够传承与发扬,是因为邓恩铭、郭隆真、李慰农、乔天华、王尽美、李春亭等先进人士的努力和重大牺牲。青岛市的烈士纪念馆记载着不同战争时期牺牲的烈士,部分烈士因为信息传递限制没有留下自己的名字,但是他们的英勇斗争存留了很多重要的革命火种。星星之火可以燎原,这也让我国整个疆域中都有着旺盛的革命斗争,激发无数中国人民的抗战热情。青岛红色文化来源于人民群众、实践生活,彰显了人民群众的价值观,代表青岛人民群众的根本利益、生活意志,满足了青岛人民日渐增加的大众文化精神需求,提升了人民群众的科学文化素养和思想道德修养,突出了人民性的特点。

(三)生动多样性

红色文化的生动多样性,主要体现在它既包括红色的物质文化,也包括红色的非物质文化。青岛红色文化系列作为中国革命、建设和改革过程中的见证,蕴含着丰富的文化底蕴,内容生动多样、生命鲜活。青岛红色物质文化具体表现在青岛地区的渔业发展、经济贸易、工农生产、革命根据地建设和利用的工具、武器、建筑、生活用品、宣传媒介,建设了遍布各地的人民革命战争遗址、历史遗迹、展示馆和演示活动场馆、陵园纪念陵区、名人人物故居、历史人物纪念馆、红色纪念活动基地等,体现了革命者的红色思想观念和红色精神风貌,这种体现在物质上的红色文化,是革命者艰苦奋斗、无私奉献、高尚正义、实事求是、联系群众的精神象征。非物质文化是指人类在社会实践过程中所创造出的各种精神文化,红色文化中非物质文化非常丰富,在青岛革命地区,中国共产党带领人民群众开展了红色教育、红色体育、红色宣传、红色文艺事业,举办许多文艺活动,创作许多文艺作品,它们无声地传递与记载着在这片土地上发生的革命战争史,青岛广大红色物质文化不仅能够传播源远流长的精神文化,还给青岛广大人民群众带来了全新的红色价值观念与红色理想主义信仰,孕育了水乳交融的红色精神物质文化与红色思想精神内涵,除此之外,革命根据地期间所流传传承下来的包括红色宣传歌谣、红色宣传戏剧、红色宣传文学、战地宣传美术和红色摄影等众多的红色文化宣传艺术,甚至红色标语宣传口号、文字宣传信息等,同样也都是青岛的丰富的精神符号与文化象征,展示着青岛地区的独特红色文化魅力,也充分彰显着我国红色文化的生动与多样。

(四)开放性

青岛红色文化以中国革命文化为基础,形成了一个博采开放的发展格局,开放性发展是一个延续了我国红色革命文化传统精神及其内涵的历史发展过程。一方面是青岛已经发展了经过历史文化沉淀的逐渐固化的红色资源,另一方面是生生不息的红色文化精神不断传承。就前者而言,可以特指共产党在领导我国革命过程中留存下来的红色理论知识、红色军队建设、红色党建、红色活动以及重要的红色文化遗址遗迹,以及英烈人物先进事迹、历史先进事件、文献资料、历史文化记忆等有关人、事、物所需要承载的具有文化艺术价值历史信息之和的总和;就后者而言,主要是特指中国是在革命、政权复设建立以后,层层叠叠累积的有关人、事、物的历史先进事迹,它将不断地积累发展。

青岛红色文化是不断与外界的文化发生互动、相互影响和相互促进,不断进步的新文化。所以说红色文化不是封闭的古老的旧文化,而是具有社会先进性的优秀文化。中国红色文化既对其他民族文化的逐渐形成和不断发展起了巨大的促进、影响、推动作用,同时也不断探索汲取其他民族文化的精神营养滋润和深化发展自身,比如西方传统文化思想中的自由、民主、科学等有益核心价值观的诉求,促进中国红色文化的逐渐形成和不断发展,现阶段国家与其他国家之间、民族与其他民族之间、各种大型国际性文化组织之间的日益紧密联系,尤其是经济全球化、贸易全球化为各种不同文化的交流碰撞融合提供了广阔的国际历史舞台和新的时代发展契机。

青岛红色文化发展形成的主要土壤也就是以维护民族独立和民族解放精神为文化核心的中国近代红色文化。反帝反封建运动是近代以来中国人民所面临的一项历史重大任务,产生和发展形成的重要阶段也是推动中华民族社会精神文化觉醒的重要阶段,其中的形成与不断发展的过程往往带有鲜明中国民族性的烙印,青岛红色文化的各种民族性质包含开放性的一面,而其中的开放性质和发展的一面却又离不开影响民族性的各个因素。因此,青岛红色文化的形成发展过程呈现了国家民族性和社会开放性的有机协调统一。

（五）科学性

红色文化的科学性，其重点表现为下述多个维度：

一是为时代进步性。伴随党的最初创建，就极为关注新时代的各类文化建设措施，带领全国人民对抗封建主义、帝国侵略主义等负面影响，推动新民主主义文化的科学民主、民族、大众等多个维度的同步成长，这使得红色文化和该阶段的革命斗争形成了较为密切的联系，在其中也有着显著的时代斗争以及进步性等多个方面的特征。党的文化建设，整合了很多知识分子的庞大影响力，且提升了中国共产党的思想观念和政治素养。例如：在土地革命战争时期，党在逐渐探索全新而科学的革命发展道路，积极推进革命红色文化建设，使青岛红色文化建设内容和发展形式展现出新的活力与生机，红色革命根据地也彰显出文化的进步性。在全面抗战时期，青岛抗日根据地文化教育事业发展良好，足以让不识字的农民群众学习文化知识，关注国家时事政治，关心民族未来，提高抗战意识，激发了抗日战争积极性，为获得最终革命战争的胜利，拓展了非常关键的文化动力以及发展的源泉，这也拓展了后续发展的思想基础。

二是革命斗争性。新民主主义革命的发生基础是中国半殖民地半封建社会的旧中国的国情，当时旧中国的政治经济处于危机封锁阶段，且社会文化也深陷泥潭之中，青岛人民群众在反帝、反封建等多个环境之下，为实现预期的国家独立以及民族复兴等目标不断奋斗，这也是革命时期的主要任务，这也属于新环境下现代化运动的关键任务。马克思主义和相关思想开展积极斗争的情况下，彰显了自身的特有优势，最终成为中国人民群众的思想武器，帮助中国共产党实现了解决半殖民地半封建社会中国的正确而科学的道路。青岛红色文化伴随着新民主主义革命产生，坚持共产主义的远大理想和变革社会发展的革命战略相统一，主张改变原本的经济生产模式，从而刺激整体的生产力不断提升，充分认可人民群众作为历史文明的关键创造者，有效应对帝国主义的相关侵略，致力于发展更为科学、民族以及民主的相关文化构建机制，因此有着显著的革命斗争性基础特征。

三、青岛红色文化的当代价值

新时代，红色文化的当代价值逐渐体现，如何认识与利用青岛红色文化的价值是重中之重。红色文化的当代价值无论是对政治、经济、文化或是社会的影响都是对中国特色社会主义现代化建设的催化剂，是促进中国社会发展更快、更好、更高的重要推动力量。

（一）思想政治价值

中国红色文化已经具有丰富的重要精神文化内涵与重要物质价值载体，不论是唱红歌、看特色红剧还是开展红色旅游，都已经可以直接让人民群众更为直观地深刻感受中华民族的伟大，增强红色思想的感染力和生命力，青岛红色文化展现的精神内涵是在中国共产党的领导下,以马克思主义思想作为政治理论指导,不断推进中国历史的新征程。在中国社会主义党的建设和国家改革开放时期,重温中国红色历史文化的创建发展历程,有利于党"以史为鉴"少犯错误,有利于各级党员干部保持清醒的思想认识和强烈的社会责任感,为彻底扫除党的作风之弊、行为之垢尽心尽力。青岛人民群众为实现中华民族伟大复兴中国梦和建设社会主义励精图治,无私奉献,取得了中国特色社会主义建设的硕果,用崇高的理念指导中国特色社会主义建设,用中国共产党的理想价值去教育、吸引、凝聚人民群众,引导人民群众认真践行中国特色社会主义党的核心思想价值观,弘扬党的民族主义精神和弘扬时代精神。

红色文化的产生与发展,都源自党的领导。经历了漫长的革命探索,从反帝、反封建到建设新中国,引领国人更好地应对各种挑战,在红色文化的影响之下,党的领导取得了非常辉煌的成果。在新的历史时期,我国处于建设小康与和谐社会的关键时期,中国共产党应发挥重要的指导作用,凝聚和激励全党和全国人民的坚强意志,进一步提升广大公众的觉悟。

重要事业的发展也要求有相应的精神提供指引,"红色文化"属于有着显著优势的文化形态,必定会演变为新时代意识形态发展的核心阵地,进一步发展为新环境下优化政务工作的重要文化支持。在建设小康社会与和谐社会的进程中,积极发扬红色文化,有着极为重大的战略价值。整体考虑前述因素,不断发扬红色文化,有助于坚持党的领导核心地位,有助于提升广大参与者的爱国情怀,也有助于发展积极的理想信念。

红色文化有利于加强和改善党的领导,推动我国政治体制改革。红色文化资源对于各地方共产党员保持先进性、纯洁性有极为重大的价值。而对于红色文化的具体演变进程而言,彰显了党特有的政治形态,会产生巨大的政治价值。

红色文化有利于加强中国人民的核心政治意识。红色文化是把马克思主义文化以及革命实践的各项探索整合的最新文化。红色文化也属于革命战争胜利的重要精神动力,具备民族、科学、革命以及开放性等多个方面的特征,是革命赢得胜利的关键政治文化基础,作为共产党新时代发展的重要文化助力,是取得新民主主义革命成果的关键根基。积极拓展新的红色文化体系,对于提升中华民族的综合治理,提升国家的整体实力,奠定政治意识形态的基础有着极大的价值。

青岛拥有大批革命历史遗址、文物遗迹、纪念馆、陵园和古陵区、名人人物故居遗址等典型红色文化物质文化,以中国革命战士、无产阶级伟大革命家、支前革命英雄等人物为主要代表的典型红色文化以及长篇小说《印记》、电视剧《王一民》、电影《大火种》等多部文学艺术电影精品综合组成的红色时代文艺,都能够体现坚持中国马克思主义实事求是、与时俱进的思想理论科学精髓,彰显出中国马克思主义理论的革命性、科学性与先进性,保证我国政治发展的正确方向,稳定政治文化的发展,通过全国人民干部群众喜闻乐见的教学方式与技术手段就能让其更加灵活性地理解、践行科学的政治理论,进一步丰富马克思主义中国化内容。

(二)历史文化价值

革命是历史的必然。当时世界形势的变动和中国历史趋势的发展决定着中国新民主主义革命的具体态势,这种态势必定与革命的主客观条件相互影响,产生革命。主观条件是阶级力量和人民群众革命觉悟的觉醒,新民主主义革命的政治领导者属于革命无产阶级,其中最重要的动力组成部分是中国工人阶级,由此可知,中国共产党领导革命的条件关键在于政治文化发挥的作用,简单归纳为红色文化能否作为提高中国工人阶级觉悟和凝结阶级力量的重要文化。红色文化是中国共产党创立的无产阶级政治文化,属于中国无产阶级自身的意识形态领域,是新民主主义革命文化中的本质内容,引导新民主主义革命的正确发展目标与方向。在新民主主义革命发生前,红色文化是革命的重要思想武器;在革命战争中,红色文化则作为革命战斗的冲锋号令;在革命战争后,红色文化是思想的凝练与传承。

革命解放老区,红色革命热土。在那个革命战争多的年代,在这片齐鲁大地上,中国共产党不仅成功领导广大群众胜利完成了可歌可泣的红色革命事业,而且成功创造了一种感染广大群众、凝聚党心、坚强军心、激励人民奋斗热血不止的中国红色文化。继承中华优秀传统文化的精神基因,用优秀红色文化物质精神教书育人,可以促使我们党的宝贵历史精神财富不断积累,彰显新时代精神价值与历史意义。

革命战争史迹、遗址文物是中国革命战争历史、红色革命文化的重要历史见证和珍贵物质文化载体。近年来,青岛乃至全省不断强化加大社会投资、建设、保护红色革命历史遗址的投入力度,努力打造中国红色精神教育培训基地,挖掘红色精神文化内涵,指导共产党员不忘初心,牢记使命,贯彻中国共产党人的革命心学,守住中国共产党人的革命精神家园,把中国革命精神传统史和文化精髓转化成为新时代中国特色社会主义文化建设的强大革命精神内生动力,激励人民群众谱写新时代中国改革开放发展的美丽新篇章。

文化也有着先进以及落后两方面的特征,应弘扬优秀的传统文化、遵循物质发展与社会发展规律的、走在世界和时代前沿的优秀文化,落后以及腐朽的、有违基本发展规律的,应及时抛弃。

坚持贯彻科学的理论指导,研究、宣传中国红色文化,为不断促进中国社会主义文化大复兴发展大繁荣建设服务,为不断巩固中国共产党的执政党地位和领导核心地位发展服务,为推动党和国家文化工作的战略大局发展服务。青岛红色文化是在艰苦的八年抗战、炮火不断的人民革命战争年代自然孕育的独特时代红色文化,也是新历史时期中国社会主义各项建设和中国改革开放事业的伟大和平繁荣年代丰富的瑰宝。其强大的文化历史感和文化传承动力促使其自身具有顽强的艺术生命力,在中国文化革命、社会主义文化建设和中国改革创新开放的诸多伟大事业中不断创新得到文化传承与创新发展。青岛弘扬红色文化需要汲取儒家尚节气、贵和气、求信实的中国文化传统精华,不断推进其深化升华和更新完善,发展为有自身特色的红色文化,不断传扬相应的革命传承,发扬最新的革命思想与先进的文化品质,引领着中国红色文化不断前进。

红色文化理论是中国共产党创建的中国无产阶级革命和社会建设新的文化理论,对于加快取得人民革命的伟大胜利、提升中国共产党的思想凝聚力,对中国共产党不断增强战斗力发挥了重要的推动作用。新的历史发展时期,大力发展红色文化,对继续加强和不断改进党的建设,建设社会主义和谐文化,促进加快构建中国社会主义新的核心价值体系发展具有重要的指导意义。青岛地区的地方党组织也充分贯彻着从红色思想文化的基本内涵到深入党的生活方方面面,利用青岛当地红色思想文化进一步发展加强和不断改进共产党地方的建设,构建起红色思想文化所产生影响的社会核心思想价值体系。

(三)社会经济价值

唯物史观论证了各种社会都归属于特殊的统一体,通过政治、经济以及文化三大维度协同组成。三大维度相互依存、相互作用、相互影响,推动社会不断发展、不断前进。经济是社会系统的基础,对于社会的发展有根本性和决定性作用;政治是社会系统的重点部分,对于社会生活有着不可替代的调控作用;文化是社会经济方面和政治方面的反映,可以说是从属的、派生的,但却是社会有机体的重要部分,文化可以维系生态系统的平衡和发展。先进文化作为顺应时代发展、历史潮流、社会发展等多个趋势的文化,可详细整理成下述内容:其一,教化作用。其在相应的是非、善恶等多个维度,提供更为可靠的判断基准,指引后续发展为符合需求的价值思想,更好调控新环境下的各类活动与模式,藉此来确保社会有着文明、秩序化的特征。其二,凝聚作用。周恩来就曾明确指出,钢铁与石头有着显著的区别,但是通过水泥即可组合为混凝土,形成更为坚固的力量。而有着足够先进性的文化就如同"水泥",依靠在社会体系内有较大影响力的思想文化,进一步统筹多个维度的思想道德,发展为凝聚以及维系等多个机制的强大力量。其三,规范作用。运用标准化的行为规范,其中涵盖相应的法律、风俗以及习惯等多个维度。先进文化确认具体形态需求的规范,转变成个体相应的行为准则,指引广大公众发展为符合需求的角色意识,从而确保个体活动以及社会需求可有效协同。其四,导向作用。各种社会文化的演变进程,都要求有思想层面的可靠指引。

先进文化作为未来发展的重要旗帜,也属于整体发展进程中的重要火炬,可以实现预期中的指引、照亮等效果,特别是社会快速发展的环境下,更加需要最新文化的指引。各个国家、民族在实际的发展进程中,都要求具备可以激励、支持广大民众奋发的重要精神以及知识动力。最新的文化依托思想道德作为核心的精神,以及科教作为核心的知识两大维度的力量,从而为新时代的建设工作提供极大的精神与智慧助力。除此之外,先进文化还可以实现较好的陶冶效果,此类功能以及作用形成了密切的影响,通过广大社会成员发挥作用,形成推动社会发展进步的巨大力量,社会进步离不开先进文化的进步和推动。

整体而言,红色文化属于先进文化的核心构成,贯彻了先进文化的重要发展趋势。新时代需要更加充分贯彻马克思主义的引领效应,强化共产党和广大公众不断拼搏的思想基础,是我国意识形态的灵魂,是构建社会主义和谐社会的科学指导思想。在社会文化思想活跃的今天,人民群众的思想、文化、意识逐渐多样性,应坚持全国统一,凝聚人民群众的力量,凝结科学的思想意识,实现社会的安定有序、和谐共赢的发展。

红色文化有经济价值。一方面,红色文化为中国特色社会主义经济发展提供强大的精神来源,使人们更加努力、务实和积极地投入社会主义的建设中去;另一方面,红色文化作为具有巨大市场价值的珍稀资源,可以充分发展为具有保护性的物质载体,实现其经济价值。

突出青岛的红色文化品牌,带动其他的文化品牌的发展。独具特色的青岛红色文化产业品牌,是吸引力、文化软实力的集中体现,对青岛文化软实力建设有很大的帮助,因此红色文化精神宣传和教育、红色工业的发展,都需要文化品牌意识的支持。红色文化资源较丰富的区域需要自己拥有红色文化品牌的精品,如海阳;"地雷之战"、临沂的沂蒙精神、枣庄的"铁道游击队"和莱芜战役等都是地方具有代表性的红色精品。在建设实际工作中打造青岛的重点红色文化品牌,引进人才,加强外部经济交往和合作,对青岛的企业文化形成起到了极大的促进作用,有利于青岛企业文化的形成,为青岛长期企业文化发展提供了支持。为其延绵不绝地提供思想动力、精神文化,提高产量和经济利益,树立企业一流形象,扩大文化品牌效应,成为经济产业长远发展的推动力,带动文化品牌的发展,促进全面发展。

发展红色文化产业同时,招商引资推动其他产业联合发展,共同开发、创造良好的社会利益。文化消费也是经济发展的新模式,青岛红色文化产品作为承袭和体现青岛红色文化的载体,是一种珍贵文化产品,它能够传承与体现青岛红色文化的内涵。深入研究这一课题,保护现存的革命历史文化,开发利用文化资源,带动红色文化产业的联动发展,为国家与社会的经济富裕提供资源,也可以增强经济发展的推动力。

推动文化制度改革、公益文化事业和经营文化产业的发展,以更佳、更切合观众接受的心理文化和内部需要为表现形式,更好地满足人们对精神文化的需求,促进中华优秀的传统文化创新和发展,增强中国的文化软实力,有力推动社会文化发展。

综上所述,红色文化的当代价值在中国特色社会主义现代化建设各个方面都有其重要体现,但它们又是相互影响和联系的,不可分割的。经济、政治、文化、社会建设本身是密不可分、相互影响的,红色文化对它们的价值和作用影响了其中一方面,也必然会对其他方面产生相应的积极影响。

第三节　青岛"渔文化"

青岛具有良好的渔业生态环境,近代以来,青岛的城市地位愈发重要,渔业也随着青岛城市的发展而发展。改革开放以后,中国的经济发展进入了一个新的高度,人民的意识、社会的包容度也在逐渐发生变化,青岛的渔文化也是如此。在 20 世纪 80 年代后,青岛的渔文化也逐渐发生改变,以祭海习俗、休闲渔业这两个方面最为明显。

一、青岛的渔文化

我国拥有长达 3.2 万多公里的海岸线,自古以来,渔业就是人类生产生活不可分割的重要组成部分,而在长期的采集渔猎的过程中,渔文化逐渐形成。渔文化是渔民在渔业的生产生活中形成的一切物质文化、非物质文化以及制度文化方面的总和。青岛地区具有良好的渔业生态环境,为渔业的发展提供了不可多得的自然条件。海上自然灾害频发,渔民也逐渐养成了忠厚、不畏艰难、淳朴、不尚奢华的性格,在长期的渔业生产中,形成了与内陆地区迥然不同的生活习俗,形成了青岛地区富有特色的渔文化。

在物质文化方面,渔文化主要包括服饰文化、饮食文化、建筑文化和船俗文化。在长期的生产生活中,青岛地区的渔民形成了自己特殊的生活习惯、生活追求和生活方式。

渔民的衣服以宽松为主,颜色喜鲜亮色,上衣是宽大的"裤衫",下着"笼裤",天冷则加上背单以保暖。

靠山吃山,靠海吃海,青岛地区的渔民喜食海产品,待客饭菜与平时饮食有所差别。渔民每逢重大节日,举宴欢庆时,往往喜食海鱼,在摆放的过程中,也十分讲究。鱼头对着主家,鱼肚子对着客人,以示尊重。

海上谋生艰难,渔民往往临海而居,利用现有的材料建设房屋。海草房以厚石砌墙,把海草晒干后作为建筑材料苫成厚厚的房顶,海草房主要分布在胶东半岛的威海、烟台、青岛等沿海地带。

渔船是渔民赖以生存的重要工具,新船的打造也是渔业生产的头等大事。新船下水时要选择黄道吉日,进庙拜神。在海上航行时,渔船也多忌讳。按照渔家风俗,因忌讳翻船,所以吃鱼的时候不能翻过来,吃鱼先吃头,意为一帆风顺。这些都能显示出渔民对于渔业生产的平安顺遂的强烈期待。

在非物质文化领域,渔文化的表现更为明显,祈祷出海顺利的信仰文化是其中更为重要的一环。渔民在出海作业以及成功归海之后都会进行祈求丰收感恩大海的民俗活动。渔民出海作业,经常遇见风暴,人们也常常会在出发前去海神庙里祈福,希望得到海神的庇佑。

青岛胶州湾沿海的海神信仰主要有龙王、天后等。道光刊本《胶州志》中记载"国朝康熙二十三年,江浙闽广抚镇奏请加封国庇民妙灵昭应宏仁普济天后"。妈祖信仰在沿海地区更为普遍,是渔民、海商及其他海上生产者出海最重要的精神信仰。清同治版《即墨县志·寺观》记载:"天后宫有三:一在东北九十里金家口,一在县西南五十里女姑口,一在县西南九十里青岛口。"青岛沿海地域立有天后宫,沿岸渔民出海从事渔业活动之前往往会前往天后宫进行祭拜,并在船上供奉妈祖,祈求平安。

在制度文化方面,渔文化主要包括社会规范和社会组织。渔民主要从事渔业生产活动,在海上进行捕捞活动,渔业组织在我国由来已久,最早的管理渔业的官职称为"虞",负责全国的渔猎生产,管理山川泽林。民国之初,近现代工业化发展在青岛尚处于方兴未艾之际,而渔业在当地社会生产中占有重要比重,政府加强对渔业的管理,促进了渔民生产方式不断提高。中华人民共和国成立后,青岛市政府加强了对渔业的管理,促进青岛渔业的恢复和发展。

二、青岛渔文化的变化

(一)祭海习俗的变迁

自古以来,祭海就是国之大典,以祈求国家平安。《史记·封禅记》载:"秦并六国,于雍地即有四海,风伯雨师,填星之属,百有余庙。"《宋史·礼志》载:"立秋日西海就河中府河读庙望祭,立冬日北海就孟州济读庙望祭。"封建王朝时期,祭海是官方祭祀,可以保佑出海平安。我国北方沿海地区渔民以渔业为生,渔业生产不发达,渔民生活举步维艰,每逢出海捕捞之前,渔民都会前往附近的妈祖庙或龙王庙祭祀,形成丰富多彩的渔业习俗文化、渔业艺术文化等。随着时代的发展,沿海渔业的祭祀活动已经逐渐成为极具地方特色的盛大节日祭祀庆祝活动。

青岛胶州湾地区的祭海节融入了现代元素,将每年的三月十八日设为"祭海日"。原有的海神祭祀成分相对减弱,文化展示功能加强,使传统的祭海习俗具有了更多的现代气息。以蓬莱为例,往年每逢正月十三,蓬莱地区的渔民就会前往龙王宫送灯祈福,而如今的渔灯节,除了保留传统的祭祀活动外,更注入了更多文化内涵,在龙王宫外搭台唱戏、舞狮以及扭秧歌等民俗活动,由以往专属于渔民的节日变为传统民俗节日,深受人民喜爱。在生产力低下的年代,也由于渔民思想观念的局限,即使在休渔期,也会有人从事渔业生产活动,这些都导致近海渔业资源濒临枯竭,再加上海洋环境的污染,过度捕捞严重,渔民无法休养生息,加剧渔民生存的难度,因此渔民更加看重渔业祭祀活动,以祈求渔获。但自从改革开放以后,祭海习俗发生了很明显的变化,海洋渔业生产更加科学,渔民生产观念更加进步,渔获量的增加和生产的科学性使渔民减轻了对于海神祭祀的依赖性,祭海习俗也随之变得简单得多。

祭海习俗的变迁最明显的表现就是娱乐性、商业性元素的加强,可持续发展理念的加强,为渔文化注入更多活力。

(二)休闲渔业的出现和发展

中国的休闲渔业近年来已成为许多地方大力扶持、发展的重要产业,特别是一些沿海、沿江和沿湖渔区的休闲渔业已经发展成为本地区新的经济增长点。近些年来,我国沿海城市渔业发展呈现普遍趋势,由于渔业产业规模和数量的扩大,沿海海域空间接近饱满,极大约束了渔业生产发展的资源环境,也因此休闲渔业成为沿海地区渔业可持续发展的最优选择。

青岛是北方著名旅游城市,依托曲折绵长的海岸线,旅游业成为青岛地区的支柱性产业。依靠山脉、物产、地形以及历史底蕴的优势,其中以崂山、城阳以及即墨地区的休闲渔业最为典型。

崂山地区海域面积广阔,拥有大小岛屿 24 个,岛屿总面积 2678 平方千米。目前,崂山区沿海渔业文化资源主要有三种形式:一种为以海洋生物的科普教育为主,比如青岛极地海洋世界;一种以渔业资源的生产经营为主,比如王哥庄附近的海水养殖园;一种以旅游观光为主,比如石老人海水浴场等,使崂山区丰富的渔业资源得到了充分的转换和利用。

城阳区位于青岛市北部区域,西南环海,东南环山,村落较多。城阳区民俗文化丰富,节日居多,城阳的钓鱼节、红岛的蛤蜊节以及韩家民俗村等,将出海旅游观光、饮食与渔业生产活动体验串联,游客乘船出行进行海上观光,再返回沿岸渔村品尝极具特色的渔家宴,体验具有代表性的垂钓、捕鱼、拖网等休闲渔业活动,构建了城阳地区休闲渔业发展的框架,为休闲渔业的发展创新注入了新的活力。

即墨地区的休闲渔业以祭海节最为有名。田横祭海节距今已有超过五百年的历史,是中国北方地区最盛大的祭海节。渔民举办祭海活动,以祈盼新的一年风调雨顺,祭海节后,渔民就整装待发,准备出海。近些年来,田横祭海节已经发展成为盛大的民俗盛会,带动当地渔民由传统渔业生产活动向旅游业等第三产业发展转型。休闲渔业在当地取得了巨大成功。

渔文化有着丰富的文化价值。首先,渔文化中蕴含着丰富的海洋探险精神,渔民面对变幻莫测、险象环生的大海,渴求生存、鼓起勇气勇敢搏击,增长了自己的智慧和才干。渔文化蕴含着渔民对待生活乐观的态度和积极进取的精神,也包含着渔民朴素的生态智慧,对于渔业资源的利用不可超过自然增长,重视人与自然的和谐发展等。最后,渔文化中包含捕捞民俗、渔民信仰及生活习俗。渔俗文化与古代先民的生产生活息息相关,海洋是沿海地区渔民赖以生存的家园,在长时间的渔业生产活动中形成了极具特色的渔俗文化。其中所蕴含的独特民间信仰与习俗,是人类进步的结晶。

改革开放以来,青岛的城市地位愈发重要,渔业生产方式和渔业生产工具也得到了很大的改善,渔文化也不断变化,与时俱进,其中最为明显的就是祭海习俗的发展和休闲渔业的出现。总之,渔文化作为传统文化的一种,作为中华民族的宝贵财富之一,应不断地加以挖掘、利用和创新。

第四节　青岛海洋民俗旅游文化

青岛以其独特的海洋地理优势成为国家首个以海洋经济为主题的区域发展战略中心城市,并入选国家级海洋生态文明建设示范区,为青岛海洋民俗文化的发展注入新的活力。本节分析了民俗文化对旅游经济的影响,介绍了青岛地区的特色民俗文化,并对青岛海洋民俗文化旅游的发展提出相关思考和建议。

一、民俗文化对旅游经济的影响作用

相比较于一般形态的文化,民俗文化具备比较突出的地域特征,其类型具备多样性,能够对旅游经济的进步起到良好促进作用。

（一）民俗文化成为旅游经济的内涵

关于民俗文化发展成为旅游经济的诸多内涵中,其中重要内涵,就是民俗文化的多重属性。在传统的旅游活动中,将民俗文化加入进来,能够不单单局限于人和自然的单纯接触,能够使其变得更加多样,人们可以领略大自然的美景,与此同时,还可以对具备地域特征的民俗风情、历史、建筑特色、交通工具、手工艺、名胜古迹等多方面做出感知,有助于旅游升级活动的开展,促使旅游文化内涵变得更加多样,加快促进旅游经济的繁荣发展。

（二）原生态民俗发展为旅游经济的新亮点

利用民俗文化,可以针对旅游产业同质化发展现实情况做出转变,以原生态的民族为基础,全力建设旅游新亮点,丰富的原生态旅游项目层出不穷,这一亮点能够对游客产生强大的吸引力。原生态民族之所以倍受人们青睐,究其原因就是自身原始性,特别是具备原始特点的民俗,可以与原始风景共同构成民俗风情图,使游客产生天然的质朴感,这与现代化的城市快节奏迥然不同,能够更加引起游客的关注,成为旅游经济的重大特色之一。

（三）差异民俗发展成为拉动旅游经济的法宝

在人们长时间的时间与生活中,民俗文化应运而生。通过民俗文化,可以将自身独特的文化属性表现出来。对于民俗文化而言,其重大特色之一就是差异性。差异民俗具备得天独厚的优势,可以促使旅游者的旅游心理和需要得到良好满足。因为地理环境的独特性,促使了具备一定差异的物质与精神文化的生成,并发展成为重要法宝,能够对游客产生一定的吸引力。

(四)参与性增强旅游经济生命力

利用民俗文化的参与性,可以帮助游客更好地融入民族文化中,体验多样化的活动,在提升游客好奇心的同时,还能够促使游客的体验感变得更加多样。在参与有关活动的过程中,可以帮助游客沉溺于民族文化所创造的独特世界中,帮助其身心从琐碎的现实生活中解脱出来,可以使自身的压力得到释放。所以,在发展旅游经济的过程中,民族文化的参与性能够为其注入强大生命力。

二、青岛海洋风俗文化分析

(一)海洋信仰习俗

青岛的妈祖信仰始于北宋,据记载最早的海神庙为北宋元丰七年朝廷在板桥镇建造,青岛地区的妈祖信仰影响深远,每到节日或者出海日,就会进行祭祀活动,之后三朝,青岛多地都建过海神庙。目前该地区保存较好的海神庙有青岛天后宫、沙子口海庙和金口镇天后宫,其中青岛天后宫最为著名,已有550多年的历史,民间有"先有天后宫,后有青岛市"之说。

(二)海洋饮食禁忌与习俗

青岛地区的食俗属于我国北方类型,人们的饮食以玉米、小麦、地瓜为主,杂以谷子、高粱、豆类、黍子等五谷杂粮,副食以蔬菜为主。苞米饼子是老一辈青岛人的主要食物,主要是用玉米面和面同加水放入锅内做成。咸鱼是青岛本地饮食中不可或缺的一种,一般以咸鲅鱼、咸带鱼和咸白鳞为最佳,虾酱则有虾子酱、蟹酱和虾头酱等。玉米饼子就咸鱼、虾酱是青岛沿海渔民中最常见的吃法,现在成为各大酒店保留的一道本地名吃。青岛胶州湾内盛产的红岛蛤蜊,因其肉质肥美,味道鲜咸而出名。每年夏天,观光旅游的游客都会体验"喝啤酒吃蛤蜊"的青岛市民生活。

(三)节日庆典习俗

1.青岛天后宫新正民俗文化庙会

青岛天后宫是明代成化三年,由青岛村胡姓族人捐资兴建,有殿堂三间,供奉妈祖、龙王和财神。该庙宇距今已有500多年的历史。现在称作新正民俗文化庙会。新正民俗文化庙会活动包括新年撞钟仪式、"迎新春"对联、灯谜大赛、民间艺术杂耍、民间游戏竞技表演、"祭海"民俗表演、民间剪纸大赛、元宵灯会等丰富多彩的民俗文化活动,是青岛市区最具代表性的海洋民俗文化庙会,在青岛人的心目中有着深远的影响。

2.田横祭海

田横镇是山东地区渔业重镇之一,沿岸居民很早就以捕捞养殖为生,在耕海牧渔的过程中,逐渐形成了以祭海仪式为主的海洋民俗。祭海活动在每年3月20日到3月22日之间举行,祭海前一天,打扫龙王庙,摆香炉、祭案,贴对联,扎松柏龙门。祭海当天,渔民们以船为单位在龙王庙前的海滩上开始摆供。渔民们将要焚烧的黄裱纸整理好,摆好香炉,将上千挂红彤彤的鞭炮升上高空。2008年,田横祭海节被列入第二批国家级非物质文化遗产名录,是我国北方闻名于世的重要海洋民俗文化传统。

三、青岛海洋民俗文化推动旅游发展的措施

在发展旅游经济时,民族文化具备至关重要的作用。要想将民族文化对旅游经济的推动作用高效体现出来,应当深入发掘民族文化价值,全面提升民俗文化设计活动的合理性与有效性。

（一）强化宏观设计,建设旅游开发战略规划

旅游产业应当以民族文化为依托,进一步强化宏观设计活动,针对当地的民俗文化与旅游产业的具体情形,可以开展进一步的调查与研究活动,这样能够促使产业发展定位的准确性得到保障,可以促使旅游产业的发展更具规划性,在制订旅游开发战略规划时,有关内容应当依据本地区旅游产业的具体情况与民俗文化特征来制定,还应当促使规划的前瞻性得到保证,通过系统整合现有的旅游、文化与民俗文化资源,促使旅游文化产业链的生成,通过民俗文化特色,着手于打造自身品牌,促使自身的旅游产业发展套路更具民俗文化特色。

（二）丰富旅游项目,开发民俗文化旅游资源

民俗文化需要立足于旅游项目开发,深化有关资源,促使系统的民族文化资源体系得以生成。相关内容主要包含以下几点:一是节庆民俗。节庆民俗这一内容在民俗文化内涵中居于重要地位,可以以节庆民俗主题为中心,对旅游项目做出建设。二是民俗活动,顾名思义就是以民俗活动为中心的主题,可以组织旅游文化主题活动。还可以民间体育、地域特色等为中心,对旅游项目做出规划,促使旅游项目的民族文化特色更加突出。

（三）加强区域整合,科学规划旅游线路

面对青岛海洋民俗文化资源整合的现实情况,需要进一步强化体育资源整合工作,基于当地旅游产业与民族文化资源的具体情形,针对旅游线路做出科学规划,将旅游产业发展的重点内容凸显出来,将本地区与相关旅游项目作为辐射点,促使旅游线路的有机生成,并发展成为旅游产业链,将更加优质便捷的服务提供给广大游客。

（四）重视次生经济,开发民俗旅游商品

旅游产业离不开连锁效应,这就要求旅游产业,应当高度重视次生经济效应,立足于民俗文化与地方旅游产业特色,强化开展民俗旅游文化产品的开发活动。在开发民族文化产品的过程中,除了对产品的原生态感给予重视之外,还应当实现设计能力和水平的提升,注重题材与品种的多样化,将消费档次表现出来,这样能够促使民俗旅游产品更具市场魅力。

青岛作为国家级海洋生态文明建设示范区,海洋优势特色突出。在发展海洋民俗文化旅游中,应当充分挖掘海洋民俗文化的内涵,深度开发其信仰习俗、生产生活习俗、节气庆典等旅游资源,在旅游开发中充分发挥其地理位置优势,挖掘当地资源条件,表现地方上的文化特征,创造出旅游区品牌,讲好海洋故事,提升游客参与度和体验,只有这样,才能使青岛海洋民俗文化旅游焕发新的活力、吸引力和生命力。

四、青岛滨海旅游产品开发提升对策研究

通过对青岛滨海旅游资源和市场的研究分析,发现青岛市滨海旅游产品开发存在客源结构不合理、缺少地域代表性海洋文化产品等问题,结合青岛城市发展战略和滨海旅游发展重点,针对性地提出了有序开发青岛滨海旅游产品、塑造滨海旅游文化品牌、构建滨海生态旅游环境、打造文旅融合的滨海旅游产品链等一系列解决策略。

(一)青岛滨海旅游资源禀赋及产品开发现状

青岛市优渥的地理位置、三面环海一面山的独特地理格局,造就了这里宜人的气候环境和山海相依的优质旅游资源,同时这里文化遗迹荟萃,齐鲁儒家思想与舶来文化兼收并蓄,形成了独具特色的青岛海洋文化,使青岛市成为国内知名的海滨旅游目的地城市。青岛市的人文旅游资源和自然旅游资源都十分丰富,类型也很多样,旅游资源聚集程度较高,全市旅游资源呈现出明显的南北差异,旅游热点资源主要集中在南部沿海一线。随着近年旅游业的发展,青岛市逐渐形成了自己独具海滨特色的旅游观光产品。另外,时尚元素与海洋元素融合共生,孕育出了青岛国际啤酒节、青岛国际海洋节、青岛世界城市音乐节、青岛国际帆船周等形式多样的城市节庆活动,成为一种特殊的旅游产品,创造出非常可观的经济效益和社会效益,同时旅游者越来越追求个性化、自行主导、深度互动的旅行方式,也促使青岛滨海旅游逐渐开始探索从浅层次的原生性旅游产品逐渐向人文与自然复合型旅游产品转变。

(二)青岛滨海旅游市场情况

奥帆赛、世界园艺博览会、上合峰会等一系列国际顶级赛事、会展活动已经将青岛市推到了世界级旅游峰会举办城市的行列,青岛市已经成为向世界展示中国改革开放成就的窗口城市。青岛市具有良好的城市形象和得天独厚的旅游资源,成为北方海滨度假的首选城市之一。但是游客对青岛滨海旅游资源的了解比较局限,青岛滨海旅游市场知名度仍十分有限。同时,青岛游客多为一日游和观光型游客,缺乏深度游、体验游等对地区旅游经济贡献价值较高的旅游产品。

(三)青岛滨海旅游开发中存在的问题

1.产品新颖度不够,缺乏深度文旅融合的旅游产品

青岛旅游多为观光型旅游产品,缺乏极具地域文化特色的滨海旅游拳头产品。近年来,

虽然青岛市不断尝试创新产品,但是依然没有摆脱前海一线加崂山的低端观光产品的窠臼,近代滨海建筑群、海防遗址、海洋节庆、海洋民俗的保护传承等典型的地域民俗旅游资源缺乏包装整合,导致青岛滨海旅游产品缺乏深度文旅融合的拳头旅游产品。

2. 缺乏高端旅游消费群体,消费结构不合理

青岛旅游市场的客源以国内旅游者为主,且多集中在本省和河南、河北、江苏等周边省份,国际游客近年来有了较大规模提升,但游客整体停留时间较短,整体收入相对较少,从结构上看来青岛旅游的外国游客多为距离青岛市较近的日韩游客,缺乏对国内外发达地区游客的吸引力,旅游形式多为观光旅游,基本消费层次偏低,旅游经济效益偏弱。

3. 青岛滨海旅游淡旺季明显,易受环境污染影响

海滨旅游城市旅游旺季多聚集在夏季,青岛市作为北方城市,受海洋气候影响,冬季多风,气候寒冷,因此导致青岛海滨旅游主要集中在夏秋季节,一年中适游时间约为 6 个月,其余时间则为淡季,游客稀疏,导致青岛旅游淡旺季明显,旺季游客爆满,交通、住宿、景区等都面临较大压力,淡季则门可罗雀,导致资源闲置,这对开发滨海旅游产品、保持产品的延续性十分不利。同时,青岛滨海旅游受到周边城市废水、海洋养殖以及工业污染等影响,环胶州湾沿岸海水富营养化集中出现在夏秋季,容易出现浒苔、赤潮等海洋生态灾害,也会影响游客的旅游体验。

4. 周边旅游城市崛起迅速,滨海旅游产品呈现同质化

近年来,周边城市大力发展旅游业,环渤海湾及黄海沿岸各城市纷纷打出滨海旅游的招牌,各种滨海旅游产品不断推陈出新,各地呈现百花齐放的态势,这对青岛滨海旅游产生了不小的冲击。青岛市的滨海旅游产品与周边城市滨海旅游产品具有同质化,可替代性较强,例如毗邻青岛市的日照市自然旅游资源禀赋十分突出,海滨景观也极具特色,甚至相较青岛市的海滨旅游资源毫不逊色,加之近年来一些旅游优惠政策出台,分流了青岛市大量的游客,这种冲击倒逼青岛市不断开发新的滨海旅游产品,保持自身的特色和优势。

5. 缺乏海洋文化内涵,旅游资源利用层次低

青岛市是一个具有深厚历史文化底蕴的城市,这里文化遗迹荟萃,齐鲁儒家思想与舶来文化兼收并蓄,形成了独具特色的青岛海洋文化,这种文化特质是其他地方无法比拟的。青岛依海立市,依海兴市,作为山东省蓝色经济区的龙头城市,海洋文化的脉络可以推演到 1 万~3 万年前,这里既有远古先人遗留的大汶口文化、龙山文化、东岳石文化、东夷文化,也有欧陆风情德式风味的建筑遗迹。近年来,作为中国海洋文化、海洋科技的研究前沿,青岛市关于海洋知识财富的积淀更是丰厚。但文化的丰富并没有从根本上改变青岛滨海旅游产品的局面,却缺乏青岛文化内涵的滋养和融入,导致青岛滨海旅游产品仍停留在滨海自然资源初步利用的较低层次。

(四)青岛滨海旅游产品开发提升对策

1.以市场为导向,以规划为先导,以政策为保障,有序开发青岛滨海旅游产品

青岛滨海旅游产品开发应该遵循以市场为导向、以政策为保障的路线进行开发整合。首先,滨海旅游产品开发一定要符合消费者的需求,要紧跟时代形势,符合现代人的审美和要求。同时在进行滨海旅游产品开发时要具有一定的前瞻性和预见性,要准确把握未来旅游市场的发展,瞄准高端旅游市场,提高旅游产品的产出值。其次,在青岛滨海旅游产品开发过程中要做好规划工作,充分利用经济、技术、智力资源,使青岛滨海旅游资源的资源优势最大限度地产生经济、社会和环境效益。最后,在滨海旅游产品开发过程中要建立健全相关制度建设,要配套相关政策措施,确保政策的延续性和稳定性,要优化配置资源,提高资源利用率,保证青岛滨海旅游资源开发过程的有序性。

2.突出时尚元素,深挖海洋文化,塑造青岛滨海旅游文化品牌

首先,要突出青岛滨海旅游的时尚元素。青岛市提出了打造"国际时尚城"的城市建设目标,这和青岛的地域特色和发展方向十分吻合。因此在进行滨海旅游资源开发的过程中,要聚焦"时尚"这个主题开发产品,重点突出啤酒、帆船、音乐、影视、特色街区、海洋美食、海岛旅游等青岛特色鲜明的滨海旅游时尚元素,充分利用青岛海洋自然和文化资源,综合时间和季节,设计打造贯穿全年符合二十四节气的滨海时尚旅游产品。另外青岛滨海旅游产品开发还要在新的大项目落地上发力,引进全天候、全季候的大项目。通过这些措施不但可以打造出独具青岛时尚特色的滨海旅游产品,而且还能让青岛旅游淡旺季问题有所缓解。其次,要加大海洋文化旅游基因的挖掘力度,摸清青岛海洋文化资源的家底,构建青岛海洋文化旅游资源数据库,以海洋文化为纽带整合包装各类旅游资源。其中包括以北辛文化、大汶口文化、龙山文化、东岳石文化为代表的史前文化遗址的发掘和保护,对近代滨海建筑群、海防遗址、海洋节庆、海洋民俗为代表性的资源的保护和传承,加大青岛时装周、海洋节、国际啤酒节、国际帆船周等大型时尚活动的建设力度,打造集历史记忆、地域特色、时代内涵、青岛地域特征鲜明的海洋文化旅游产品。

3.注重青岛滨海海洋生态环境保护,确保滨海旅游资源的可持续发展

"绿水青山就是金山银山",滨海的生态环境保护是滨海旅游资源可持续发展的根本,在青岛滨海旅游产品开发中要做好海洋生态环境保护,重点做好岸线保护、海湾整治、污染防治三项工作。岸线保护方面,不仅局限于青岛周边沿岸滩涂和海域,还应做好沿海周边各类生态景观的保护,做好环胶州湾、鳌山湾、灵山湾等海域和大公岛、灵山岛、竹岔岛等海岛生态岸线保护与修复,加大重点海水浴场和滨海旅游度假区的监控力度,保障青岛滨海旅游开展基础不受破坏。海湾整治方面,加强沿岸河流的污染整治,对重点海湾污染物进行总量控制,继续调整海洋渔业结构,对沿海养殖、近海捕捞等渔业活动进行规范管理,合理设置休渔

期,保护海湾生物多样性;在污染防治方面,可以建立海洋生态补偿机制,加大对沿岸污染单位的处罚力度,强化陆源污染控制,清理整顿海水养殖污染,划定海洋生态保护红线。在做好海洋环境生态保护的同时,也要积极开发渔家民俗、海上运动、海岛休闲度假、海洋垂钓等生态旅游产品,实现经济效益和环境效益统一。

4. 树立平台思维,整合资源,发挥旅游产品的聚集效应

在青岛滨海旅游产品开发过程中要树立平台思维,以平台思维创新意识整合资源。奥帆赛、世界园艺博览会、上合峰会等世界顶级赛事、会展、论坛、会议将青岛市推到了世界的聚光灯下,青岛市也借助这些重要的活动为世界所熟知,成为中国旅游城市中的靓丽名片,习近平总书记将之总结为"办好一次会、搞活一座城"。平台思维就是既要有效利用这些大型活动平台,整合提升各种文旅资源,发挥聚集效应,塑造和推广城市形象;同时也要求政府和企业不断创造创新平台,积极发展青岛滨海会展、会议、论坛等商务型旅游产品,从而开辟多种客源,努力摆脱以日韩等东南亚国家为主的观光型客源结构,提高青岛的整体旅游市场竞争力;还可以将会展、论坛、节庆等活动聚集起来,充分利用举办场馆融入海洋文化、会展文化,不断丰富和完善青岛滨海旅游产品。

5. 依托文化演艺、影视制作,打造文旅融合的滨海旅游产品链

东方影都的正式落成,使青岛市成为首个被联合国教科文组织授予"电影之都"的中国城市,近年来在青岛拍摄的一批脍炙人口的影视作品也让青岛再次成为世界的焦点,为青岛市这座滨海旅游城市注入了新的旅游动力。在青岛滨海旅游影视文化旅游产品的开发过程中,可以充分利用这一资源优势,重点打造滨海影视精品之旅与传承地域文化的旅游演艺产品。滨海影视精品之旅可以重点围绕电影主题,以电影博物馆、融创影视产业园、影视文化艺术博览中心、灵山湾影视产业区为核心,集合融创园、大剧院、生态园、渔港码头、灵山岛等旅游资源,重点打造影视、海洋、陆地为一体的综合化影视文化旅游产品链。旅游演艺产品是青岛滨海游客夜间休闲的重要项目,是滨海文化旅游产品的集中展现,是青岛特色的海洋文化的浓缩。

第四章　山东省文化产业发展情况分析

第一节　山东省文化产业政策分析

一、山东省做出总体规划，推动文化资源大省向文化强省跨越

近年来，我国文化产业得到了长足发展，取得了一系列突破性的成绩，文化产品不断丰富，文化服务水平日益提高，人民群众的文化消费能力持续上升，文化产业呈现出蓬勃发展的强劲势头。文化及相关产业对国民经济发展的贡献度越来越高，重要性越来越大，已经进入了取得突破性进展的新阶段。我们正处于"两个一百年"伟大目标的历史交汇处，党的十八大、十九大对中国特色社会主义进入新时代后文化产业的改革发展做出了重要论断，进行了新的重大战略部署。[①] 在十九届四中全会通过的《中共中央关于坚持和完善中国特色社会主义制度推进国家治理体系和治理能力现代化若干重大问题的决定》中又提出："建立健全把社会效益放在首位、社会效益和经济效益相统一的文化创作生产体制机制。深化文化体制改革，加快完善遵循社会主义先进文化发展规律、体现社会主义市场经济要求、有利于激发文化创新创造活力的文化管理体制和生产经营机制。健全现代文化产业体系和市场体系，完善以高质量发展为导向的文化经济政策。完善文化企业履行社会责任制度，健全引导新型文化业态健康发展机制。完善文化和旅游融合发展体制机制。加强文艺创作引导，完善倡导讲品位讲格调讲责任、抵制低俗庸俗媚俗的工作机制。"从文化产业的自身发展趋势来看，同样处于重要的发展机遇期。文化与相关产业的融合发展的步伐进一步加快，社会力量不断加大对文化产业的投资，人民群众的精神文化需求在不断扩大，文化产业在国民经济保增长、调结构、转方式等方面的作用呈不断加大态势。因此，在未来相当长的一段时期内，我国文化产业必将保持快速、稳定、健康、持续的发展。

在全国文化产业迅猛发展的背景下，山东省做出总体规划，把文化体制改革发展纳入经济社会发展全局，统筹谋划经济文化发展，推动文化资源大省向文化强省转变，确立了文化强省的发展战略目标，开始大力发展文化产业。作为最早提出"文化强省"的省份之一，2007

---

① 中华人民共和国文化部政策法规司编. "十三五"文化发展改革规划汇编[M].北京：知识产权出版社，2018：355.

年山东省便提出由文化资源大省向文化强省的发展战略目标。由"大"到"强",一字之变,凸显山东省发展文化产业的目标、格局与信心的提升和飞跃。随后几年山东省政府陆续出台了相关政策法规及配套文件,对文化产业发展做出专项规划。2010年,推出了《关于促进文化产业振兴的意见》;2011年9月,出台了《山东省文化产业重点项目、重点企业、重点园区(基地)的认定管理办法》;2013年,提出了《关于提升旅游业综合竞争力,加快建成旅游强省的意见》,这些专项规划及配套文件有力地推动了山东省文化产业的改革进程,促进了文化产业的发展,体现了山东省委、省政府加快推进经济文化强省建设的重要部署,对打造文化产业发展新高地,推动山东省文化产业实现跨越式发展具有重要的指导意义。2018年2月,山东省政府印发实施了《山东省新旧动能转换重大工程实施规划》,提出打造具有山东特色的现代文化产业体系、优化文化产业结构布局、强化文化产业发展支撑、推动文化科技深度融合发展等战略举措。把文化产业发展作为推动经济快速发展和转型升级的重要手段。经过多年发展,山东省文化产业有了重大突破,产业规模持续壮大,重点项目、大项目纷纷涌现,新兴高科技业态发展态势良好,文化创新力和竞争力不断增强,已经形成了门类齐全、产业链完整、实力雄厚的文化产业体系,文化产业已经成为山东省经济社会发展新的增长点及国民经济的支柱性产业。

二、山东省文化产业政策的特点

通过实施文化强省战略和新旧动能转换重大工程,山东省文化产业取得了长足发展。整理总结这些年来山东省的文化产业政策,发现它们具备以下几个特点。

(一)注重文化产业发展的科学性

过去有段时间,很多地方政府过于重视GDP,把GDP的统计数据作为追求的主要甚至是唯一目标,"唯GDP论"也体现到某些地方的文化产业发展上,这导致了很多问题的出现,如过于追求大项目或是重点项目建设,甚至是以建设大项目、产业园区为名变相进行圈地开发房地产,只顾眼前利益不统筹未来发展,重视立竿见影有利于GDP数据统计的文化制造业而轻视发展前景良好但短期难见经济效益的高科技文化产业,这样难以推动文化产业的健康发展。山东省委、省政府在发展文化产业时以习近平新时代中国特色社会主义思想为指导,注重提升推进文化产业发展科学性,以"功成不必在我而功成必定有我的"胸怀和格局,长远谋划,统筹安排,把政策的科学性放在首要位置,推进文化产业的科学发展。

(二)引导文化企业转变经营理念

山东省文化产业政策注意引导文化企业经营观念从计划经济体制观念向市场经济体制转变,建立现代企业制度,提高经营管理能力,准确把握文化产业发展趋势,适应现代化的市场竞争。山东省的文化产业政策不但从经营理念上对企业进行指导,而且具有很强的实操性,文化行政部门通过项目合作、经验交流、论坛对话等形式,在文化企业的产业咨询、产品推广、融资引智、人员培训方面提供了诸多支持与帮助,取得了很好的效果,指导山东省的文化企业树立起先进的文化产业经营理念,在激烈的市场竞争中赢得先机。

(三)不断加大财政投入

近年来,山东省在文化方面的财政投入不断加大,用以改善公共性文化设施,鼓励支持文化艺术精品创作,满足人民群众日益增长的精神文化需求,为文化产业发展提供良好的环境。全省进一步深化文化体制改革,支持机制创新,激发地方政府发展文化产业的热情,促进有条件的地区拿出更多财政资金推动当地文化产业的发展。不断加大省级文化产业专项资金的支持力度,坚持专款专用,从整体上促进省域范围内文化产业的发展。各地方政府稳步扩大专项资金规模,建立文化产业专项经费正常增长机制,支持那些前景好、潜力大的中小型文化企业不断发展壮大。

(四)配套政策积极跟进

近年来,山东省陆续出台相关政策,但这些政策是纲要性的,仅仅为文化产业发展指明了方向、优化了外部环境,如何将这些政策落到实处,实实在在地为文化企业排忧解难,让文化企业能够切实得到政策带来的优惠,是需要重点考虑的问题。山东省委、省政府对已出台的文化产业政策举措和规划要求进行系统梳理,从土地、税收、技术、创新、融资、人才等方面分别提出了具体的配套政策,出台具体实施方案,推动相关政策能够不打任何折扣地执行到位,为山东省文化产业的发展保驾护航。为了更好地落实文化产业发展政策,山东省还出台配套政策将文化产业发展目标纳入各地经济社会发展的总体规划和综合考核体系之内,把文化建设作为评价地区发展水平、考核地方领导干部的重要内容。

(五)构建开放的人才体系

人才是文化产业发展的第一资源,直接决定文化产业的创新能力和发展前景。山东省勇于开拓视野,向浙江、广东等文化产业先进省份学习,解放思想,提倡现代化的人才思维,创新用人引人形式,积极引进复合型专业人才,并做好相应配套工作,构建开放的人才体系,充分发挥人才的作用,推动文化产业健康、快速发展。总结下来主要有以下几条措施。

1. 创新人才引进机制

山东省自然环境优美,人文气息浓厚,有利于营造自由的创作空间、宽松的生活环境,一系列招商引智政策能够为文化产业人才提供良好的创业、创新氛围,有助于优秀文化产品的创作,这对文化产业人才形成了较强的吸引力。山东省决心充分利用这一优势,创新多种人才引进形式,拓宽人才引进渠道,完善人才引进机制,以吸引国内外文化名人和高端经营管理人才赴鲁干事创业,逐步将山东建设成为文化产业高端人才聚集区。

2. 不断完善人才培养体系

为促进文化产业发展,山东省不断完善人才培养体系,力争形成由高中低端多层次人才构成的立体化的人才体系。根据政策,有专门的机构定期统计全省文化产业的人才需求和现有文化人才的工作情况,及时了解人才短缺、空缺情况等发展短板,确保充分掌握人才信息,为人尽其才、才尽其用提供扎实的现实基础和科学依据。建立多层次的文化培养机制,除了出台政策鼓励引进高端人才,还开展了"星星之火"培训计划,落实基层文化人才培养工作,通过培养文化骨干,带动基层文化工作者和爱好者文化素质的提升,不断壮大基层文化人才队伍,让文化事业在基层扎根。通过研修、交流、培训、访学等多种方式,培养专业文化艺术人才,使其成为带动文化产业发展的主力军。

3.形成良好的文化氛围

对优秀文化人才建立奖励和宣传的长效机制,提高其待遇水平,激发其文化创新力,推动优秀文化产品的创作,让山东省成为华东地区乃至全国的高端文化人才聚集地。充分发挥"五个一工程""华表奖"等顶级奖项的引领带动作用,加大对优秀文化人才以及典型事迹的宣传力度,在全社会形成尊重人才、尊重文化的良好氛围。

(六)推动文化产业与高新技术融合发展

创新是文化产业发展的第一动力。构建以企业为主体、市场为导向、产学研相结合的科技创新体系,用高新技术改造提升传统文化产业,为文化产业注入新的深厚内涵,推动文化产业与高新技术融合发展,提升文化产品和服务的科技含量和附加值,是山东省文化产业政策的一个重要指导方向。政策要求山东省的文化主管部门和科技主管部门协同办公、携手协作,加速推进传统文化产业实现信息化、数字化、网络化,加强对基于互联网技术、数字出版、5G通讯、虚拟现实等高新技术的新兴文化业态的孵化和培育,力争在文化领域内促使高新技术的成果转化处于全国第一方阵,切实发挥创新作为第一动力对文化产业发展的推动和促进作用。

(七)重点推动文化旅游产业的发展

山东省风光秀丽的自然景观和悠久的历史,造就了以"一山一水一圣人"为代表的丰富旅游资源,蜚声海内外。山东省出台政策整合全省的文化旅游资源,以"好客山东"为主题,打破区域界限,把山东省的文化旅游资源融合成一个整体,全省一盘棋,合力培育一批彰显齐鲁文化特色、富有时代精神的知名文化旅游品牌。此外,山东省还积极探索以文化旅游产业为引领带动其他文化产业发展的办法,形成文化进步推动经济发展、经济发展又可以繁荣文化进步的良好互动。以青岛为例,青岛作为山东省经济和文化产业最为发达的城市,在文化产业布局方面领先全省,同时青岛作为著名的旅游城市,更应充分发挥其领先优势,将相邻城市如烟台、威海、潍坊的旅游资源充分挖掘并整合,形成以蓝色滨海为特色的文化旅游路线,将文化旅游产业的引领效应辐射到周边城市,进而推动以青岛为中心的整个区域的文化产业发展。

（八）全力推进文化创意产业的发展

文化创意产业是以创造力为核心的新兴文化产业,附加值高、成长速度快、影响力大、辐射力广,是经济全球化的产物,属于文化产业发展的核心层。山东省委、省政府很早便敏锐地察觉到文化创意产业在文化产业未来发展中的关键性作用,决定以本省丰富的文化资源为基础,着力打造新兴文化业态,全面推进文化创意产业发展。近年来,山东省主要是从以下三个方面全力推进文化创意产业的发展。

1.充分利用优势文化资源

随着一系列文化创意产业扶持政策的出台与实施,山东省文化创意产业也进入了发展的快车道,市场影响力逐步显现。济南、青岛、威海等地兴建了文化创意产业园和文化创意研发基地,以此为契机迅速推动大项目和重点项目的实施,推动山东省文化创意产业的快速发展,动漫游戏、影视创作、表演艺术、广告装潢、环境艺术、视觉艺术等重点产业初具规模。近年来,山东省继续出台政策,把重点放在充分做好优势文化资源的开发利用方面,借助市场力量优化资源配置,促使文化资源焕发出更大的生机和活力,充分发挥山东省文脉底蕴深厚和文化资源集聚优势,以社会主义先进文化的城市美要求为标准,积极探索新的文化创意产业形式,拓展市场发展空间,打造文化创意产业发展的新高地。

2.努力提高文化产业创意的科技含量

文化创意产业的发展是紧随时代发展的,其核心要素是紧紧跟随科技创新,科学技术的进步极大地增强了文化的创造力和传播力,孕育并推动了文化创意产业,文化创意产业的发展又反过来促进了科学技术的进步。随着科技进步和社会经济的发展,一系列新兴文化业态和表现形式逐渐出现,并对传统文化产业产生了极大影响,某些方面甚至是颠覆性的。山东省出台政策意在科技与文化融合的基础上,着重鼓励和支持动漫制作、软件和计算机服务、在线娱乐、移动终端应用等新兴文化业态,聚集优势力量在重点产业和重大项目上取得突破,推进科学技术创新,提高文化产业创意的科技含量。

3.鼓励文化创意企业提升创新能力

企业是市场的主体,一个地区的文化产业拥有一批掌握自主知识产权的核心技术的文化企业,无疑是在激烈的市场竞争中抢占了制高点,这些企业也为文化产业的发展壮大提供了有力的技术支撑和创新动力。目前,文化创意产业已经成为发达国家的支柱性产业,这些国家将其作为引领产业创新发展、提升国家文化软实力的重要工具,而企业是文化创意产业实现其价值的重要载体,企业创新能力更是直接决定了文化创意产业的发展速度与质量。因此,大力引导、鼓励文化创意企业提升创新能力已经是业界共识。山东省出台了系列专项鼓励政策,引导有条件的文化企业和研发机构更加重视创新能力,创新研发出高端化、融合化、集约化的文化产品和服务,赢得市场先机,增强其核心竞争力。

第二节 山东省发展文化产业的战略优势分析

遵循区域经济发展理论,山东省应充分突出齐鲁地域特色,挖掘自身潜力,提升文化产业的民族文化和国际文化市场的竞争力。山东作为文化资源大省,在自然景观、历史文化遗产、经济基础、人才等方面都具有一定的优势,山东省必须牢牢把握自身特点,采取一系列行之有效的政策和举措,快速提升文化产业竞争力,实现文化产业健康、持续的发展。分析总结山东省文化产业的战略优势,主要集中在以下几个方面。

一、文化资源大省,人文遗产丰富

作为中华民族传统文化的重要发源地,山东是名副其实的文化资源大省。山东省拥有优良的文化资源禀赋,遍布齐鲁大地的文物古迹、古籍典藏、文化名人遗迹不胜枚举,造就了博大精深、源远流长的齐鲁文化,赋予山东独特的文化气质和历史底蕴。山东是孔孟故里、礼仪之邦,儒家文化贯穿了中国两三千年的发展历史,对中国的影响是其他思想不可比拟的,因此作为儒家文化的起源地,山东历来被视为中华文化的中心地区之一。山东省优秀的文化资源遍布全省、数不胜数。山东省不同地区间的文化资源各有特点,为自己的城市深深烙上了独特的文化印记,如说起"泉城",人们脑海中就会浮现出济南市"四面荷花三面柳,一城山色半城湖"的山泉风景;青岛市则是将"帆船之都""音乐之岛""影视之城"三大城市文化合而为一,融合发展;"齐文化"是淄博市的重点发展的对象;提到临沂市,就会想起诞生在炮火连天的战争年代,军民水乳交融、生死与共造就的"沂蒙文化";"孔子文化"成为济宁市的城市名片;菏泽倾力打造"牡丹文化"等。这些历史悠久、蜚声中外、底蕴厚重、各具特色的文化资源为山东省文化产业的发展提供了坚实的基础。

二、人口大省,经济实力雄厚,区域位置优越

山东省人口众多,物产丰富,经济实力雄厚,区域位置优越,这意味着优越的成长基础和巨大的内需市场规模为文化产业的发展提供了良好的环境。具备一定规模的内需市场是文化产业发展的基本要素之一,庞大的人口数量能够带来巨大的内需市场,这有助于文化产业快速形成规模经济并实现规模效益,同时也是文化产业发展的潜力所在。对于正在成长中的山东省文化产业,这种作用会更加明显。

改革开放以来,特别是进入 21 世纪后,山东省的经济运行一直是稳中有进。雄厚的经济实力可以提供文化产业发展所需的资金、人才、技术、经营管理经验等因素,此外也意味着其有广泛而有效的市场需求。随着济社会的进一步发展,居民可支配收入必将持续增加,

生活水平不断提高,精神文化需求也将同步增长,这为山东省文化产业的健康发展提供了稳定的外部环境。

山东省的地理位置优越。一方面从国际区位看,山东濒临渤海和黄海,位于我国东南沿海地区中部偏南,与日本和韩国隔海相望,威海市更是离韩国最近的中国城市,这为山东文化产业"走出去、请进来"的对外开放交流提供了得天独厚的条件。日本、韩国近年来文化产业发展迅速,它们的动漫、影视、网络游戏等文化产品风靡世界,这为山东省提供了很好的学习对象和对位标准,具有很强的借鉴价值。另一方面,从国内区位看,山东省地理位置非常重要,是中国东部南北连接的必经之地,立体交通网络发达,是我的交通要道。包含全省所有下辖城市在内的山东半岛城市群蓄势待发,已经规划为十个国家级城市群之一,这些城市经济发展水平较高、产业基础雄厚、文化消费活跃、代传媒业发达,为山东省文化产业提供了良好的发展条件。

三、文化品牌各具特色

山东省地域广阔,文化资源众多,各个地区之间的风俗习惯、历史传承和方言有很大的差异,各地区的文化资源因地理位置的原因形成了各具特色的个性化的文化品牌。这些文化品牌聚合在一起构成了山东的文化版图,并且为山东省文化产业的发展提供了取之不竭的素材。[①] 这些区域性的文化品牌主要由五个板块组成:鲁东蓝色海洋文化区、鲁中齐文化区、鲁西北黄河文化区、鲁西南孔孟文化区和鲁南红色文化区。

(一)鲁东蓝色海洋文化区

山东省位于环渤海湾地区,从地图上看,山东半岛的东部像是一把楔子,凸出一部分在海里,造就了长达3024.4千米的曲折而漫长的海岸线,占全国海岸线的1/6,位居全国第二,仅次于广东省。丰富的海洋资源和温润的气候孕育了山东省极富地域特征的海洋文化,形成了鲁东蓝色海洋文化区。鲁东蓝色海洋文化区以发展海洋文化旅游为重点,以青岛市为龙头,含烟台市、潍坊市、日照市和威海市,景色秀丽,旅游资源品类繁多,极为丰富,山、河、湖、海、港湾、沙滩、海岛等旅游元素集于一体。青岛崂山、威海刘公岛、烟台蓬莱阁等举世闻名、风光秀丽的海岛和名山均坐落于此,崂山的道教文化、青州古城、威海刘公岛甲午战争文化、八仙过海的传说等历史文化资源和青岛国际啤酒节、潍坊风筝节等高品质的文化节会为鲁东蓝色海洋文化区增添了深厚的文化底蕴。近年来,鲁东蓝色海洋文化区发展势头迅猛,成绩赫然,已经占据了山东省文化产业发展的制高点。

① 中共山东省委宣传部,山东省统计局.2017山东省文化及相关产业统计概览[M].济南:山东人民出版社,2018:12.

(二)鲁中齐文化区

鲁中齐文化区处于山东腹地,海岱之间,主要包括济南市、淄博市、泰安市三个城市。该地区的古文化以齐文化为主,包括由齐文化衍生而来的泰山文化、聊斋文化和陶琉文化等。齐文化是指春秋战国时期,地处现在鲁中位置的齐国继承吸收当地的东夷文化发展而来的文化,它和鲁文化一起构成了齐鲁文化。齐文化资源是独特珍贵的中国传统文化资源,数量丰富、品质高雅,和齐长城遗址、泰山名胜风景区、天下第一泉名胜风景区等自然景观水乳交融,和谐共生,为这一地区的文化产业发展提供了源源不断的文化资源。

(三)鲁西北黄河文化区

黄河自菏泽市东明县进入山东,流经9个城市,自东营市垦利区入渤海,靠近黄河入海口处,形成了黄河三角洲冲积平原。德州市、滨州市和东营市3个城市位于黄河三角洲冲积平原,他们围绕黄河,以黄河文化和湿地景观等自然文化资源为主体,融合孙子文化、吕剧文化等历史文化资源,构成了鲁西北黄河文化区。鲁西北黄河文化区具有深厚的历史积淀,文化资源地域特色鲜明,拥有吕剧等世界非物质文化遗产,民间艺术蓬勃发展,"草柳编艺术之乡""吕剧之乡""秧歌艺术之乡"都位于该文化区。

(四)鲁西南孔孟文化区

作为儒家文化的起源地,"至圣"孔子和"亚圣"孟子的故里,山东自古以来就被誉为"孔孟之乡,礼仪之邦"。儒家文化源远流长,几千年来对中国的影响深刻,尊老爱幼等中华传统美德都是源于儒家学说,因此孔孟文化资源在中国传统文化中是独一无二的,在全国乃至全世界都具有垄断性的文化资源。鲁西南孔孟文化区包括济宁市、聊城市和菏泽市三个地市,除了儒家文化资源,该文化区还有运河文化、济宁梁山水浒文化、菏泽牡丹文化等诸多世界级的旅游资源以及大量的非物质文化遗产资源。该文化区民间工艺历史悠久,品类繁多,鲁锦、木板年画、东阿阿胶制作技艺等民间工艺都具有很高的知名度。梁祝传说、庄子传说等著名民间传说也是发源于鲁西南孔孟文化区。

(五)鲁南红色文化区

鲁南地区是革命老区,该地区以沂蒙革命老区为主体,形成了鲁南红色文化区,该文化区主要包括临沂市和枣庄市两个城市。鲁南红色文化区的红色文化资源保存状态良好、知名度高、教育意义重大。中共中央总书记、国家主席习近平同志于2013年11月视察临沂时做出重要论断,把"沂蒙精神"和"延安精神""井冈山精神""西柏坡精神"并列为中国四大革命精神,自此该地区的红色文化得到了快速发展。该地区有很多耳熟能详的红色教育基地,如孟良崮战役遗址、台儿庄大战纪念馆、铁道游击队纪念馆等,这些红色教育基地具有很强的爱国主义教育价值和很大的经济价值潜力。此外,鲁南红色文化区还有抱犊崮国家森林公园、滕州微山湖红荷湿地及被誉为"中国第一庄"的台儿庄古城等丰富的自然和人文文化资源,具有很大的发展潜力。

表4-1　山东省文化区分布表

地区	包含地区	面积	特色	景观
鲁东蓝色海洋文化区	含青岛市、烟台市、潍坊市、日照市和威海市	52012平方千米	以发展海洋文化旅游为重点,景色秀丽,旅游资源品类繁多,极为丰富,山、河、湖、海、港湾、沙滩、海岛等旅游元素集于一体	青岛崂山、威海刘公岛、烟台蓬莱阁等,崂山的道教文化、青州古城、威海刘公岛甲午战争文化、八仙过海的传说等历史文化资源和青岛国际啤酒节、潍坊风筝节等高品质的文化节
鲁中齐文化区	济南市、淄博市、泰安市	24149平方千米	以齐文化为主,包括由齐文化衍生而来的泰山文化、聊斋文化和陶琉文化等	齐文化资源和齐长城遗址、泰山名胜风景区、天下第一泉名胜风景区等
鲁西北黄河文化区	德州市、滨州市、东营市	28134平方千米	以黄河文化和湿地景观等自然文化资源为主体,融合孙子文化、吕剧文化等历史文化资源	"草柳编艺术之乡""吕剧之乡""秧歌艺术之乡"
鲁西南孔孟文化区	济宁市、聊城市和菏泽市	20977平方千米	孔孟文化资源在中国传统文化中是独一无二的,在全国乃至全世界都具有垄断性的文化资源	曲阜三孔、聊城运河文化、济宁梁山水浒文化、菏泽牡丹文化
鲁南红色文化区	临沂市和枣庄市	21756平方千米	沂蒙革命老区为主体,形成了鲁南红色文化区,红色文化资源保存状态良好、知名度高、教育意义重大	孟良崮战役遗址、台儿庄大战纪念馆、铁道游击队纪念馆,抱犊岗国家森林公园、滕州微山湖红荷湿地及被誉为"中国第一庄"的台儿庄古城

第三节　山东省文化产业发展中的问题及建议

虽然近年来山东省文化产业的发展取得了令人瞩目的成绩,但是与发达省份相比,发展规模、方式以及产业结构等方面都有不尽合理之处。山东省只有正视问题、直面差距、补齐短板,才能迎头赶上,在激烈的市场竞争中立于不败之地。

一、山东省文化产业发展中的问题

总体来看,山东省文化产业发展中存在的问题主要表现在以下几个方面。

(一)文化产业整体规模相对较小

与广东、浙江、湖南和上海等省市相比,山东省文化产业的产值和年增加值在GDP中所占比例较小,与山东省全国第三的经济总量排名并不相称。究其原因,有如下几个元素制约了山东省文化产业的发展规模:首先,山东省大型国有文化集团、龙头民营文化企业、外向型文化企业等规模以上文化企业和骨干企业发展相对滞后、市场竞争力弱,这就意味着文化产业的主体实力不强,能够在全国文化产业市场中占据重要位置、产生广泛影响的文化产品和服务太少,而能够带来超额经济效益的名牌文化企业和产品更是少之又少;其次,山东省各地市在文化资源的开发利用方面依然是各自为政,地方保护主义仍然存在,对文化资源的利用过于粗放,重复化、雷同化、同质化开发问题严重,如济宁梁山、菏泽第四城、泰安东平和聊城阳谷四地都在开发水浒文化旅游资源,这种情况不但浪费严重,而且互相分散客源,难以形成合力,不利于水浒文化的有效利用,无法完全释放其内在潜能;最后是山东省的优质文化资源的产业化、市场化转换能力不强,没有做出"大文章"。那么多高品质的文化资源,在山东省文化产业的发展中并没有得到充分体现,文化资源开发的广度、深度不够,很多事浮于表面,产业链条也非常短,大多只有一到两节,这需要进一步解放思想,努力延伸文化资源开发的广度、深度和长度,加强其内涵深入与外延拓展,增强与城市建设的互动性,让这些独特丰富的文化资源真正焕发出新的活力。

(二)文化产业结构不平衡

近年来,随着文化产业的发展壮大,山东省的公共文化服务与经营性文化市场都有了突破性发展,形成了多层次的文化市场体系,但是城乡之间文化产业发展不平衡,县级以下文化市场发展相对缓慢,这严重制约了山东省文化产业的整体发展。下一步应该充分调动农村文化市场的活跃度,激发农民作为农村文化产业的建设主体、服务主体、发展成果享受主体的积极性,统筹兼顾城乡一体化发展,推动山东省文化产业的整体提升。同时,山东省城镇的文化产业结构也不合理,这突出表现为文化企业,尤其是大型龙头骨干文化企业的市场活力不足,这同样构成了山东省文化产业发展的瓶颈。接下来山东省需要从提高文化企业经营能力,强化文化主管部门和经营主体对文化产业市场化的理解方面入手,不断调整文化产业结构,才能占领文化产业发展的新高地。

(三)社会资源支撑不足

文化产业的发展离不开技术、资本和人才等社会资源的支撑,山东省的社会资源对文化产业的支持力度相对于发达省份明显不足,还有很大的提升空间。山东省文化产业发展面临着高新技术应用不够、社会资本支持不足和专业人才队伍缺乏的问题。创新是文化产业发展的第一动力,科技进步是创新的核心驱动,现代人类社会正处于技术爆炸的时代,互联网技术、数字技术、移动通信、电子信息技术等高新技术,使很多产业发生了天翻地覆的变化,文化产业的产生和发展过程更是离不开科学技术的发展。但是目前山东省的文化产业发展中,高新技术的创新和运用相对不足,二者的融合度明显不够,不仅不利于文化资源的保护手段和利用效率,限定了文化资源的利用空间,而且严重制约了文化产品和服务的创新。社会资本是文化产业良性发展的重要前提和保障,目前由于发展的惯性,山东省的社会资本还是倾向于基建和工业建设,对文化产业的关注度不够,社会资本与文化产业的对接不够通畅,这也限制了山东省文化产业的发展。文化产业的发展需要大量专业型和复合型人才,山东省虽然倾注了大量精力招才引智,但是在全国各地都展开抢人大战的背景下,人才供应与文化产业发展的要求相比仍然缺口巨大,这严重制约了山东省文化产业的发展。

二、推动山东省文化产业发展的建议

（一）推动居民文化消费支出增长

为了缩小与北京、江苏等省市在人均文化消费量方面存在的较大差距，山东省一方面应加大对健康、积极的文化产品的宣传力度，使人们对文化产品的多样性有一个更深入的了解，同时，引导人们树立健康、文明的消费观，自觉抵制落后、消极文化的侵蚀，逐步提高人们的消费水平。另一方面，要提高文化企业服务质量，深挖文化产品内涵，创新文化产业发展方式，发展多层次文化产品，以满足人们不同的文化需求。

（二）培养引进优秀人才

发展是第一要务，人才是第一资源。要实现山东省文化产业的大发展大繁荣，实现由"文化大省"到"文化强省"的转变，必须认识到人才在发展过程中的重要作用，坚定不移地实施人才战略。具体来说，可以从以下两方面入手：第一，注重人才的培养。各高校积极开展与文化产业有关的课程，着力培养具有创新意识和经营管理能力的人才。第二，加强人才的引进。对于具有丰富的文化产业从业经验和创新能力强的人才，给予优厚的待遇，吸引他们到省内工作，带领文化企业实现转型升级，开发出更多人们喜闻乐见的文化产品。

（三）完善金融服务体系

首先，针对山东省文化产业现阶段"轻资产重创意"的特点，金融机构应开发与之相适应的服务产品，为文化企业提供量体裁衣式的金融服务。其次，由政府牵头，设立文化产业无形资产价值评估中心，引进和培养专业的评估人才，对文化产业无形资产的内在价值进行公允、科学的评估，为金融机构投资文化企业提供参考。最后，加强中小型文化企业融资担保体系建设，鼓励担保机构为具有自主知识产权、发展前景良好的中小型企业提供融资担保。

第五章　山东文化产业竞争力研究
——以青岛市为例

青岛是全国五个计划单列市之一,十五个副省级城市之一,我国重要的区域性经济中心,具有独特的海洋文化特色,近年来青岛市提出建设"帆船之都""音乐之岛""影视之城"三大城市文化品牌和"文化青岛"建设战略,政府先后制定出台了《青岛市文化产业发展专项规划》《青岛市加快文化产业发展的若干政策》等一系列支持性文件,对青岛文化产业的发展的布局、重点行业等做出了统筹安排,为全市文化产业的发展指明了方向。

第一节　青岛市文化产业发展现状

一、影视传媒业

根据《中华人民共和国国民经济和社会发展第十四个五年计划和 2035 年远景目标纲要》,其中,发展文化产业园区是 2035 年建成社会主义文化强国的重要组成部分。"十四五"中国电影发展规划提出,中国电影已转向高质量发展阶段。

影视产业园作为承载影视作品创作的重要载体,作为文化产业园区中最具影响力、最具有头部效应的一部分,是如何一步步落实行业政策、真抓实干,促进影视精品创作的呢?

青岛市把影视产业作为发起国际时尚城建设攻势的主打战役,建设全国领先、世界水平的"影视之都"。青岛西海岸新区打造"影视之都"国际化城市名片,以影视工业化发展为核心,聚拢和完善影视产业链条。

据青岛西海岸新区影视文化产业链高质量发展方案,该区域产业发展思路主要围绕打造影视工业化制作全产业链体系、世界一流影视产业发展生态体系和世界一流影视时尚高地三个思路展开。

(一)以影视工业化制作全产业链体系发展为核心,成就中国大片

走进青岛东方影都,映入眼帘的是星光岛、珊瑚贝桥这样亮眼的地标。而在国内一流制作的导演和幕后制作人眼里,这不仅是国内首个符合国际标准、经过英国松林认证的大型影视拍摄制作基地,更是一个推动中国影视工业化的引擎,并以其容纳的几乎涵盖影视生产各个环节的产业链企业,逐渐演化为影视工业化制作全产业链的巨擘。

《"十四五"中国电影发展规划》中明确提出了要加快电影科技创新,积极把握新技术发展趋势,建立完善的电影科技自主创新体系。东方影都作为国内最早提出影视工业化的影视基地,于2022年吹响打造"国家电影产业创新示范基地"的冲锋号。据东方影都影视产业园管理总监索雷介绍,东方影都影视产业园按照电影工业化制作要求,呈封闭式布局,拥有40个符合国际标准的摄影棚和32个置景车间,其中包括1万平方米高科技单体摄影棚、先进的影视虚拟化制作平台和室内外合一的水下制作中心。

数字影音中心可满足包括对白、调色、拟音、混录等全流程在内的后期制作需求,包括综合楼、创客中心、服务中心、教育中心、服装道具库房在内的主要功能设施,可完成从剧本预演、拍摄到后期的全链条电影工业化生产流程。

当地政府为推动影视产业高质量发展,打造了灵活高效的影视政策工具包,以重工业类型电影为主打,电影、电视剧、综艺节目、网络视听作品、动漫、游戏、广告、短视频和衍生品开发等内容生产项目均在扶持范围。在政策的推动下,当地拍摄的项目无论是质与量都在不断提升,并逐渐形成了多类型多题材多样态创作的格局。

2022年,西海岸新区实现影视产业链发展能级全面优化提升,形成"1+2+X"影视发展布局。以青岛东方影都为核心,以中国广电·青岛5G高新视频实验园区和藏马山影视城为支撑,辐射带动一批专业化、特色化的影视资源,成为国内影视创新和高新视频产业的重要集聚地。

为将东方影都打造成名副其实的国际一流科技化影视制作基地,擦靓"影视之都"城市文化名片,青岛西海岸新区全方位、全体系、多维度地大力培育影视产业集群。新区成立影视文化产业链专班,专班办公室设在新区影视产业发展中心。

据新区影视文化产业链专班办公室主任、区影视产业发展中心主任密德生介绍,西海岸新区明确了四大招商和两大保障主体,实施精准招商、项目建设、企业培育三大攻坚战。发挥青岛海发集团国有资本投资运营平台作用,更好地导入优质行业资源。

近年来,海发集团收购了全日制本科院校青岛电影学院(原北京电影学院现代创意媒体学院),完成青岛市电影发行放映公司股权划转及16家公司整合重组,进一步筹划布局品牌院线,投资建设亚洲最大虚拟拍摄平台,积聚产业要素、激发产业活力,有力完善了新区的影视产业链条。据青岛海发文化(集团)有限公司董事长、青岛东方影都产业控股集团有限公司董事长、青岛电影学院执行校长薛莉介绍,近年来,青岛海发集团集中力量整合产业资源、促进产业协同,加快构建影视产业园和外景地、产教融合基地、上市公司、影视科技平台、5G高新视频园区、影视产业基金"六个一"影视供应链体系,有力提升了东方影都的品牌影响力。

截至2022年第一季度,青岛灵山湾影视文化产业区已经聚集影视市场主体近700家,主营范围几乎涵盖了影视生产的各个环节,影视产业链已初具规模。力争全年引进影视企业100家,引进剧组50个,进一步夯实东方影都"领航电影工业,成就中国大片"的行业领军地位。

到2024年,青岛西海岸新区年拍摄制作国内外影视作品将超过80部,集聚影视企业超过1000家,其中龙头企业40家以上,规模以上企业50家以上,影视及相关产业营业收入也将达到120亿元。影视制作工业化、信息化水平大幅提高,影视文旅形成特色品牌,影视创作生产和5G高新视频产业在全国处于领先水平。东方影都不断集聚头部资源,做强"影视之都"品牌,力争到2030年形成千亿级影视产业链。

(二)以5G高新科技为引领,打造一流影视产业发展生态

围绕打造一流影视产业发展生态的目标,青岛西海岸新区依托"世界电影之都"优势,发挥东方影都龙头带动效应,完善政策体系,优化管理服务,集聚生产要素,建立公开透明、便捷高效的公共服务体系;完善要素齐备、竞争有序的市场服务体系,打造世界一流影视产业发展生态。

以青岛东方影都影视产业园、中国广电·青岛5G高新视频实验园区、藏马山影视城、产教融合基地、青岛国际虚拟现实产业园五个项目为支撑,以青岛海发(集团)有限公司、东方影都控股集团有限公司等重点头部企业为引领,聚集科技、金融、人才三大要素,以科创带动文创,全面推进影视产业发展生态建设。

青岛西海岸新区积极响应国家广播电视总局倡导的超高清、互动视频、VR视频等高新视频生态落地。青岛5G园区即为广电总局在国内唯一的高新视频产业园区,科技创新一直是园区发展的一大重点工作,目前园区以高新视频技术创新为驱动,积极探索推动高新视频技术与影视文化内容生产的融合发展。

据青岛海发集团产业运营集团常务副总裁刘伟鹏讲,5G高新园区从2020年开始配备了高新视频云作为基础设施,目前在动捕云端技术实现、东方影都与高新视频云网络互通、拍摄素材上云三方面实现与东方影都联动发展。

面向高新视频这一全新的领域,青岛5G园区还肩负着5G高新视频产业先行先试、关键技术攻关和应用示范等重大任务。据刘伟鹏介绍,园区围绕5G高新视频产业,聚焦"内容"+"科技"两大板块,已初步形成高新视频产业链条架构,目前园区签约入驻企业134家,产业链注册企业已超200家。

5G园区围绕高新视频内容产品创新、高新视频云、高新视频软硬件设备研发生产、高新视频应用集成创新、内容监测监管和数字版权服务五大产业板块,以高新视频内容制作和应用创新研发为核心,突出"平台搭建+龙头引领+生态集聚"发展路径,全力构建5G高新视频供应链体系。2024年,高新视频内容制作能力将达到300小时/年。

加速创新成果的落地转化是 5G 高新视频产业园区一直主抓的方向。园区在高新视频科技业态方面一直积极发挥着产业示范平台作用,为入驻企业提供展示平台,同时联合搭建各类高新视频示范场景,推动更多高新视频创新成果的落地转化。

以高新视频沉浸式内容的生产为例,园区通过产教融合,培养高新视频制作人才,打造沉浸式内容创新制作基地。目前,基地已吸纳近 20 家优质内容生产企业,共同打造了光影魔方、VR 灯光秀等优质高新视频内容产品。尤其值得一提的是,在与电影生产密切相关的高新视频云方面已初步形成了技术解决方案,目前已开始试运行。东方影都成为全国首个配属驻地云的影视园区。高新视频云实现了对东方影都、5G 园区的双向支撑和双向联通。未来,云服务不仅限于服务东方影都,也为将来与其他园区的云端互通打下良好的基础。

最近国家电影局在《"十四五"中国电影发展规划》中,提出要锚定 2035 年建成文化强国的目标,坚定不移走高质量发展道路。其中,对影视基地的建设也提出了提高科技含量、技术服务能力,规模化、集约化、专业化发展的要求。让"科技成为高频词",这是东方影都建立的初衷,也是青岛西海岸新区一直努力的方向。

据东方影都影视产业园管理总监索雷透露,当前,园区的影视虚拟化制作平台正为剧组高效拍摄提供有力保障。位于东方影都影视产业园 5 号棚的虚拟化制作平台目前已完成一期和二期建设,其中动作捕捉棚拥有 144 个国内顶级动捕头,满足好莱坞技术标准,并正在搭建全国最大的 LED 虚拟拍摄棚,为更多作品提供了"可视化剧本"服务。

目前,园区正在筹建下一代 LED 虚拟拍摄系统,建成后将成为中国首个具有现场调色、实时 DMX 交互等核心技术的 LED 虚拟拍摄棚。平台建设将以自研技术和知识产权为核心,充分利用东方影都已有产业链,全力塑造中国影视行业的领先软实力,赋能影视等数字内容生产。

未来,科技影都的建设将以影视虚拟化制作平台为核心,发展高精尖数字拍摄技术,建成国内顶尖数字拍摄基地;以中国广电·青岛 5G 高新视频实验园区为引领,打造全球 5G 高新视频高地;进一步引进高科技影视后期制作先进技术,建设世界先进的高科技影视特效中心;聚焦影视周边科技和创意产品研发设计,依托青岛国际虚拟现实(VR)产业园等重点项目,集聚培育数字影音娱乐研发、影视娱乐智能产品研发、VR 技术设备研发和体验、影视艺术国际交流合作等功能,共同形成新区影视产业的科技支撑体系。

(三)让产业政策扶持落到实处,持续推进影视产业高质量发展

根据西海岸新区 2020 年 5 月推出的《关于促进影视产业发展的若干政策》,涉及影视企业、重点项目、优秀影视作品创作、影视文化交流活动、金融支持、影视文化人才引进和培育、一站式服务平台建设等八个环节,涵盖了各地政策中鲜少能够全面涉及的影视后期制作、固定资产投资、影视文化活动等方面。

　　青岛西海岸新区影视产业发展中心主任密德生提到,针对当地产业链环节上的短板,青岛西海岸新区特推出了有针对性的政策。例如在影视人才引进和培养方面,一方面通过与各个高校紧密沟通,各取所长,促成高校办学战略与当地影视产业发展需求的对接,综合施策,给予校方土地、基础设施等办学条件方面的大力支持;另一方面通过制定针对各类人才的资金扶持和补贴政策,吸引专业技术人才和中坚力量留在新区,逐步解决落地企业的用人问题。

　　目前西海岸新区已吸引了清华青岛艺术与科学创新研究院、中央美院青岛校区、梅纽因音乐学校、山东工艺美术学院等一批高校及相关机构落地,北京电影学院现代创意媒体学院也成功转设为青岛电影学院,成为国内除北京电影学院外唯一一所电影全学科院校和中国唯一的电影大学。正是清晰和日渐成熟的政策体系,加上公开透明的落地执行,造就了西海岸新区吸引影视企业和人才的"强磁场"。

　　对于影视产业集群的发展而言,吸引影视项目和企业入驻还只是开始,如何让他们在当地成长壮大才是关键。为了促进影视企业成长,青岛西海岸新区制定了多元、多维度、全生命周期的扶持政策,从项目、投资、人才、活动甚至是电影首映式都给予激励。整体而言,青岛西海岸新区出台的影视政策多、力度大、门槛低、灵活性强。自2014年起就制定出台了《青岛灵山湾影视文化区影视产业发展专项资金管理办法》《关于促进影视产业发展的若干意见》《关于支持影视产业健康平稳发展的政策措施》等一系列扶持政策。截至目前,已经向多部优秀影视作品以及近200家企业兑付补贴资金近2亿元。

　　作为国内首个地方影视管理服务机构,青岛西海岸新区影视产业发展中心为影视企业、剧组拍摄提供政策支持、项目备案审批、拍摄协调等一站式、全方位的配套服务。青岛西海岸新区设立了国内首个地方影视服务管理机构——西海岸新区影视产业发展中心,搭建起一体化服务平台,提供"一窗受理、全流程跟进"的一站式服务。围绕打造"一标双零"影视服务新标杆,实现了公共服务标准化,政策兑现零跑腿,业务办理零等候。聚焦影视企业发展和剧组拍摄中遇到的痛点、难点,与新区各相关部门沟通协调开通绿色通道,梳理出涵盖行政审批、海关、公安等部门的20余项影视公共服务事项清单,大大提高了行政服务的效率,节省了驻地企业的时间成本。

　　对于未来西海岸新区影视产业的重点发展方向,密德生介绍道:"新区将认真贯彻落实'十四五'中国电影、电视剧发展规划和省、市'十四五'规划相关要求,构建以科技为支撑、国内领先的影视工业体系,巩固东方影都在山东省'1+N'影视产业布局中的核心地位,从集聚整合产业链条、强化政府扶持和服务、壮大影视人才队伍以及做大影视对外交流平台等方面入手,持续推进影视产业高质量发展。"

(四)孕育更高质量电影,助力"十四五"电影强国建设

　　以影视为核心,以游戏软件开发、动漫、娱乐等为特色的产业集群打造影视时尚高地,加

速形成具备世界一流时尚创新体验的消费集群和世界一流影视时尚高地是青岛西海岸新区影视文化产业链发展方案的重要思路支撑。2018年首届上合组织国家电影节和历届青岛影视博览会的举办均擦靓了青岛西海岸新区"影视之都"的名片,带着市民、影迷对青岛西海岸新区"孕育更高质量电影、创造更多发展机遇、培植电影文化"的高期待,青岛影视业一直在前进的路上。

基于"三网融合"技术搭建的新一代有线数字化互动信息平台将支持更多、更开放的功能,互动电视、互联网和多媒体信息等全新手段的综合应用,将为青岛文化产业搭建起更加自由生动、更具普及性的数字家庭多媒体发布平台和渠道,青岛的影视传媒业也将由此获得新的发展空间。

二、演艺娱乐业

围绕建设"音乐之岛"的品牌目标,青岛市以青岛歌舞剧院有限公司、青岛奥帆中心演艺有限公司、青岛话剧院等企业为基础,大力扶持文化演艺企业,加大精品剧目创作力度,积极引导演艺娱乐业不断创新,鼓励发展特色化的海洋演艺产品。经过三年的精心创作,2009年推出了青岛市第一部独具城市特色的大型情景歌舞剧《蔚蓝青岛》,运用大过现代化艺术元素,生动、形象地展示了青岛的风土人情和风光美景的独特魅力,是一台承载着青岛传统与现代文化特色、体现浪漫与激情的城市风情的标志性文化作品,也成为向世界展示青岛文化的一张城市名片。

为充分展现青岛独特的海洋文化特色,2010年青岛邀请央视著名导演和北京奥运会开闭幕式创作班底共同策划、精心打造,在全国唯一的海上剧场——青岛奥帆中心大剧场隆重推出了大型全海景实景演出《蓝色畅想》,通过对青岛海洋地域文化进行艺术提炼,充分了展示"帆船之都"的独特魅力,并实现了国内首次在大型舞台表演中同时展现3D影像和全息影像。《蓝色畅想》的主题曲《海洋》也是由北京奥运会开幕式音乐团队创作,完美地展现出了人的细腻情感和大海的辽阔宽广,完整表现了青岛海洋文化的主题。演出所采用的世界上最为先进的灯光、投影技术与梦幻般的海洋融为一体,充分展现了青岛迷人的海域个性和风格,是对青岛海洋文化的一次完美诠释。

当前青岛市崂山区的演艺娱乐业发展最为突出。近年来,崂山区培育发展了保利国内演出公司、热海港湾演艺城、崂山道家艺演中心、时空影视演艺公司等一批演艺娱乐产业项目,并发挥青岛啤酒城、国信体育中心、青岛大学音乐厅、国际会展中心的场馆优势,积极引导国内外知名演艺公司举办各类演出活动,确立了崂山区在山东省演艺市场的龙头地位。

三、出版发行印刷业

近年来青岛市的出版发行业获得了长足发展。作为出版发行业的龙头企业,青岛出版集团下属青岛出版社有限公司、青岛市新华书店有限责任公司、南周刊社、青岛财经日报社等6家企业,目前已成为一家以图书出版发行为主业,集书、报、刊、电子、音像、网络等多媒体合一,编、印、发、供、贸配套,拥有出版链条的上中下游,特色鲜明、体制先进、机制灵活的城市出版集团。2009年在全国首届出版社等级评估中被新闻出版总署评为国家一级出版社,并获得"全国百佳出版单位"称号;被国家商务部、文化部、新闻出版总署、广电总局四部委联合评为"国家文化出口重点企业"。另外青岛新华书店创建的"书海情深"服务品牌是全国新华书店同行业中最早的服务品牌,帮助青岛新华书店创新了服务理念、延伸了服务功能,使其在同行业中脱颖而出,以优质的服务获得了更多客户的认可。

在印刷业方面,现在青岛市共有印刷企业1500余家,产值达160亿元,出版、包装装潢、商业印刷行业已经成为青岛市经济发展中的一个重要产业。青岛市印刷业主要集中在城阳区,其中外向型印刷(更制)业正在成为城阳区文化产业中增长速度最为迅猛的门类。近几年,城阳区先后引进了青岛嘉泽包装有限公司、青岛市贤俊龙彩印有限公司、永丰余纸业(青岛)有限公司、青岛联合包装有限公司、青岛济丰包装纸业有限公司等有代表性的外商投资的包装装潢印刷企业,使城阳区的外向型包装装潢印刷业实现了新的突破。

目前,青岛市在建的出版发行印刷业重点项目还有:青岛市出版物交易中心(主要从事图书、期刊、音像制品等各类出版物的批发零售)、青岛国际版权交易中心(国家级国际版权的认证、登记、发布、交易、咨询、投融资服务机构,同时为全省版权提供咨询、培训服务)、青岛红星印刷科技与创意产业园区(以绿色印刷为主体、以印刷物联网、数字出版为两翼的综合性印刷科技创意产业园)。随着这些项目的不断建成,青岛将成为国内领先的出版物服务基地和辐射整个环渤海地区的区域性外向型印刷产业基地。

四、动漫与网络游戏产业

自从2007年青岛市被批准为"国家动漫创意产业基地"以来,青岛的动漫产业快速崛起,目前已经形成了较为完备的人才培养、园区建设及政策扶持体系。2009年青岛市制定出台了《关于鼓励和扶持动漫产业发展的实施意见》,提出了针对动漫产业的优惠政策。目前青岛注册的动漫企业、创作研发团队47家,已经建设了青岛国际动漫游戏产业园区、青岛软件园创意产业园、崂山区创意软件园动漫产业园三个动漫园区。自2008年以来共创作动画片22部999集7317分钟,实现了历史性突破,2009年8月,青岛市普达海动漫影视公司的原创动漫作品《小牛向前冲》作为国庆献礼片已在央视一套正式播出,实现了青岛动漫零的突破。

2021年7月25日,为期两天的青岛动漫节·DC25幻梦动漫游戏嘉年华在青岛国际会展中心落幕,动漫游戏市集、随机宅舞、电竞游戏、汉服与Lolita服装走秀等风格各异的活动在展会上纷纷亮相,众多年轻人前来参展。据主办方介绍,两天时间参展人数达到4万,其中有四成观众来自青岛以外的地区。这场动漫节展现出了动漫文化体验的活力和对年轻人的吸引力。恰逢旅游旺季,该活动也带动了本地的旅游经济。

动漫产业在推动经济增长,促进经济转型,丰富文化消费方面正起着越来越大的作用。近些年来青岛政府一直重视动漫产业的发展,出台相关扶持政策,建设多个动漫主题的产业园,但对比杭州、成都等城市动漫产业全产业链聚集发展,青岛仍存在不小的差距,需要学习借鉴好的发展经验。

(一)原创IP或是动漫产业崛起的钥匙

据了解,青岛对动漫产业的扶持标准主要集中在动画片的播出时长,按每分钟一定金额给予补助。2013年青岛市社会科学院发表了一篇名为《把青岛市服务外包培育成支柱产业,实现超常规跨越式发展的建议》的文章,受到了政府关注。文章提道,青岛要"积极承接国外网络游戏、数字动漫、影视传媒等产品的设计、加工、汉化、制作等方面的外包业务。"在扶持标准方面,青岛于2019年出台了《关于实施新旧动能转换技能人才支撑计划的意见》,意见提道:"对于通过资格审核的动画电视片项目,在中央台首播的,按照每分钟2000元的标准给予原创单位一次性奖励,奖励总额原则上最高不超过200万元;在省级电视台(含卡通上星频道)首播的,按照每分钟1000元的标准,给予原创单位一次性奖励,奖励总额原则上最高不超过100万元;在多个电视台首播的,按从高但不重复的原则给予奖励。"

(二)专业人才是发展的蓄水池

激发原创活力,创意型人才是关键。动漫是很特殊的一个产业,技术是不断更新的,这个领域更注重实操性,大学里教的很多是文化课,还有美术基础。虽然有了一定的审美基础,但是更重要的还是实操能力。动漫产业是集知识密集型、劳动密集型和资金密集型并存的产业,中低端的技术操作型人才数量基本饱和,但合格的动画制作人才奇缺,能够自行研发与综合开发自主产品的动漫原创人才、市场研究和动漫营销人才、前期导演等复合型高端人才更为匮乏。

青岛想要摆脱动漫人才流失的局面,需要的不只是简单的人才培养和引进计划,而是需要对整个动漫产业来一剂强心针。青岛急需一个响亮的IP、一个领头的企业、一群敢闯敢干的动漫人,带动整个行业转行发展,营造出重视创意、推崇创新的行业氛围,这样才能吸引更多的年轻人投身青岛动漫产业。

(三)龙头企业撬动产业发展

动漫游戏行业需要产业链条闭合,需要具有平台、制作、发行渠道等,比较考验城市发展的综合实力,在同一个城市也方便监管。但通过查询发现,目前青岛还没有动漫领域的发行公司,制作原创的头部公司也只有泽灵文化一家。

（四）产业转型亟待加速

文旅部发布的《"十四五"文化产业发展规划》提道，到 2025 年我们国家的文化市场体系将更加健全，文化消费更加活跃、文化产业规模持续扩大、文化及相关产业增加值占国内生产总值比重进一步提高。

在中国动漫产业产值破 2000 亿的大背景下，越来越多的头部企业和明星企业不满足于只涉足单一领域，开始将业务触角向产业链上下游延伸。中国动漫产业发展的终极目标是对标美国好莱坞，力争能出现像迪士尼、NBC 环球这样涉足产业上中下游、实现业务多元化发展的巨头型企业。

在国家对动漫产业发展大力支持的背景下，近两年的青岛动漫产业发展的数据并未查询到，政策方面也只有 2019 年颁布的《关于在新旧动能转换中推动青岛文化创意产业跨越式发展的实施细则》提及了动漫游戏产业。

除了青岛啤酒节外，青岛缺少真正大体量、高成长的大型 IP，也缺少在全国有影响力、叫得响的大型优质优秀动漫项目、作品与品牌。"突破这个困境，首先青岛市政府应当对本市的文化行业做一个细致调查，了解哪些本土 IP 存在着开发潜力，大力提高城市的核心吸引力。"

动漫产业作为开发潜力巨大的新兴产业，被许多发达国家确定为先导产业优先发展，已经成为国民经济新的增长点。根据青岛市发布的"十四五"规划，在未来，青岛市要大力发展数字经济、流量经济，壮大新兴产业。如今动漫产业已经进入快速发展阶段，传统文化通过科技呈现更高级的文明，5G 发展为文创产业带来更多机会，基于大数据的文化创作正在普及，区块链文化版权保护不断发展，这些都是青岛动漫产业的发展崛起的契机。青岛动漫产业是否能抓住这次机遇，搭上国内动漫产业发展和城市发展的快车，通过加大力度吸引创意人才，招揽更多编剧、大型传媒集团和天使投资入驻等措施，打造出动漫产业的全产业链条，助力青岛工业经济的发展，讲好青岛故事，成为一张青岛对外的名片，值得我们期待。

青岛市的网游产业还处于初步发展时期，为写国内外优秀网游企业交流经验，同时提升自身知名度，国际动漫游戏产业园先后组织园内企业开展了 2008 年度中国游戏产业年会、第二届中国游戏开发者大会，参加了韩国光州 G−STAR 游戏展会等活动。目前代表性的游戏企业是成立于 2011 年 2 月的青岛爱维互动信息技术有限公司，是一家集研发、运营、服务于一体的游戏平台服务商，主要从事国内体感游戏的原创开发、AIWI 体感游戏平台的运营。通过一年多的发展，目前已经研发出四款完全自主知识产权的体感游戏，同时爱维线上游戏平台人数也已超过 20 万人，尤其与台湾地区联合研发的手机遥控体感游戏在国际上处于领先水平。

五、文化节庆会展业

青岛是我国重要的对外开放城市,拥有诸多著名企业,同时也是东北亚国际航运中心、国际滨海旅游度假胜地、国际著名港口城市、国家历史文化名城、中国优秀旅游城市。青岛在地理位置、历史文化、旅游资源等方面具有得天独厚的优势。在充分利用以上优势的基础上,围绕建设"帆船之都""音乐之岛""影视之城"三大城市品牌,青岛市组织举办了各种富有城市特色的文化节庆会展活动。代表性的有:青岛国际啤酒节、中国国际海洋节、青岛民俗文化节、中国(青岛)国际时装周、中国—青岛凤凰岛文化旅游节、青岛动漫艺术节、中国国际小提琴比赛、中国海洋文化创意产业博览会、中国国际航海博览会、青岛国际汽车工业博览会等。

创始于1991年的青岛国际啤酒节是融旅游、文化、体育、经贸于一体的国家级大型节庆活动,迄今已成功举办21届,成为青岛标志性的文化节日.通过举办啤酒品饮、啤酒嘉年华、艺术巡游、经贸展示等活动,平均每年吸引300余万人参加。经过多年的努力和创新,青岛国际啤酒节已成为国内规模最大的酒类节事活动,在国内外有了很大影响力,2006年以来,节日经济的溢出效应极大地拉动了青岛旅游、商贸、文化等产业的发展,其贡献甚至超过了两个"黄金周",2008年青岛国际啤酒节连续第三次获得"全国十大节庆之首"的荣誉。

青岛国际海洋节是我国唯一以海洋为主题的节日,是借助滨海城市、奥帆赛举办地、重要的海洋科研和港口城市、北海舰队驻地等优势条件,为传播奥林匹克精神、培养市民海洋文化意识、为创造蓝色经济区创造良好环境和氛围,由国家有关部门利青岛市政府共同举办的海洋盛会。包括海军活动、海洋旅游、海洋体育和国际帆船周四大板块,每一板块又包含多项海洋文化活动.海洋文化节最大的亮点就是深入挖掘具有青岛特色的海洋文化,国际帆船比赛、海岛旅游项目、海上文艺演出等都突出了海洋元素。另外旅游经济、婚庆经济、航博会等以产业展示的方式也融入了海洋节之中,海洋节也因此成为了相关产业展示和交流的平台。

2021年11月9日,在青岛市贸促会(市会展办)发布《青岛市会展业"十四五"发展规划》。到2025年,青岛将建设成为充满活力富有魅力的国际会展名城,力争全年举办具有较大影响的会展节庆活动550个以上,规模以上会展企业年营收额保持10%左右增长。

"十三五"时期,特别是2018年上合组织青岛峰会后,青岛会展业驶上发展"快车道",五年时间先后举办会展活动近1500场,展览面积从2015年的260万平方米增长到2019年的426万平方米,跻身全国城市前六。打造了跨国公司领导人青岛峰会、博鳌亚洲论坛全球健康论坛大会、上合组织国际投资贸易博览会等一系列新会展品牌活动。青岛世博城、红岛会展中心两大展馆先后投入运营,全市四大展馆室内可展览面积达45万平方米,为青岛会展业大发展奠定了坚实基础。经过不懈努力,青岛已发展成为国内具有较高知名度的区域会展中心城市之一,多次获评"中国十佳品牌会展城市""中国最具竞争力会展城市"等荣誉称号。

根据规划,"十四五"期间,青岛会展业将紧紧围绕建设"充满活力富有魅力的国际会展名城"这一总目标,着力建设"两个中心",牢牢把握"三个方向",加速构建"四大高地",持续推进"五大攻坚",深入实施"六大行动",推动全市会展业高质量发展,努力为青岛经济社会发展做出新的贡献。

到 2025 年,青岛将力争基本形成结构优化、功能完善、基础牢固、布局合理、发展均衡的会展业体系,将青岛建设成为充满活力富有魅力的国际会展名城。到 2025 年,力争全年举办具有较大影响的会展节庆活动 550 个以上,规模以上会展企业年营收额保持 10% 左右增长;形成 5 个在国际上具有较高知名度的国际品牌会展活动,培育 15 个以上具有全国影响力的国内品牌会展活动;与 50 个国内外知名会展机构建立战略合作关系,加入 10 个左右区域会展联盟或国际会展组织,胶东半岛城市会展交流合作机制日趋完善。

第二节　基于钻石模型的青岛市文化产业竞争力研究

一、生产要素

波特在《国家竞争优势》一书中指出,一个国家或地区如果想通过生产要素建立起产业强大而又持久的优势,就必须发展高级生产要素和专业生产要素。只有生产要素持续升级和专业化,它对竞争优势的价值才会越来越高,因此本节偏向于考察高级要素和专业要素,结合钻石模型和青岛市实际发展情况,从基础设施、人力资源和资本投入三个角度对青岛市文化产业生产要素进行分析。

（一）基础设施

完善的交化基础设施是文化产业发展的基本保障。为了引导文化产业集群化发展,实现文化创意产业间的资源共享,形成产业规模效益,推动文化产业整体竞争力的提升,青岛市政府提出要推动建设一批文化创意产业大项目和基地,发展文化创意产业园,建设区域文化创意中心。在文化创意产业项目中,青岛市整合本土优势资源成立了青岛数字出版联盟,设立山东（青岛）数字出版基地,以及引进北京电影学院 3D 制作中心、中国数字化舞美科技应用产业基地等一批国内知名高科技文化项目的落户,体现了文化与科技的深度融合,青岛市因此被评为首批国家级"文化和科技融合示范基地",已经初步形成了以基地园区建设为平台、以打造特色文化街区为辅助的产业集聚发展模式,文化产业集群化的规模效应和集聚效应日益彰显。

从基础设施方面来看,以文化基地园区建设和特色文化街区建设为代表青岛市文化产业相关建设正在稳步进行,目前已经取得了很大成功,其规模优势和集聚效应日益彰显,未来也有很大的发展空间,因此青岛市文化基础设施的竞争力很强。

(二)人力资源发展

教育是提高人民综合素质、促进人的全面发展的重要途径,是对中华民族伟大复兴具有决定性意义的事业。新中国成立70多年来,青岛全面贯彻党的教育方针,以率先实现教育现代化、让城乡居民学有优教为目标,全面深化教育领域综合改革,着力建改并重、促进教育事业蓬勃发展。

1.高等教育稳步发展

新中国成立以来,青岛市高等教育呈规模扩张、发展提速、质量提升的良好态势。人才培养层次和教育质量稳步提高,实现了从精英化向大众化的历史性跨越。新中国成立初期,青岛市仅有山东大学一处高校,在校学生千余人。新中国成立后特别是改革开放以来,青岛市高等教育事业经过恢复和调整得到了较快发展,经过资源整合组建了新的青岛大学,青岛农业大学、山东科技大学、中国石油大学(华东)、山东大学(青岛校区)等高校先后落户岛城,更名后的中国海洋大学、青岛科技大学、青岛理工大学等,进一步提升了教育层次。再加之民办高等教育的参入,使得全市高等教育力量更加雄厚。

2.职业教育成效显著

青岛市的职业教育自1978年的全国教育工作会后开始起步,当年青岛市仅有中专17所,招生2201人;技工学校4所,招生499人。1983年至1991年,青岛市职业技术教育进入快速发展时期,特别是1987年青岛市政府成立了中等教育结构改革领导小组,使职业技术教育得以迅速发展。1989年以来,根据全市经济社会发展需要,又适时调整了中等职业技术教育专业结构,有16所职业学校与24个局(公司)联办了50个技能专业,初步建立了适合各行业特点的初级专业人才培训基地。全市高中阶段职普比例大体相当,毕业生就业率达96%以上。我市职业教育人数2005年达到峰值后,由数量扩张转变为更加适合市场需求,适合经济发展需要的质量提升。

3.基础教育快速均衡发展

新中国成立后,随着物质条件的逐步改善和计划生育国策的实施,教育问题成为人民关注的焦点。围绕这一问题,青岛市不断加大财政投入,完善教育公共服务体系。基础教育工作取得了显著成绩,先后经历了普及初等教育、实施九年义务教育和巩固提高义务教育等阶段。特别是1993年颁布了《青岛市义务教育条例》,标志着青岛市九年义务教育已纳入了法制化轨道。截至1994年上半年,全市160个乡镇全部实现"基本普及九年义务教育和基本扫除青壮年文盲"的目标,并通过国家验收。实现"两基"目标比全省提前三年半,比全国提前六年半。改革开放以来,随着计划生育和撤点并校政策的实施,中小学校数量呈逐年减少趋势,而学校布局、师资力量配备、校均人数则更趋合理,办学效益和质量进一步提升。

（三）资本投入

充足的资本投入是文化产业发展的重要保障。2021 年,青岛市地方一般公共预算收入完成 1368 亿元,增长 9.1％,首次突破 1300 亿元。其中税收收入完成 1017 亿元,税收占财政收入比重为 74.3％,较上年提升 2.6 个百分点,财政收入质量明显提升。从资本投入方面来看,政府财政的文化支出虽然增长较快,但所占比重依然较低,未来还应该进一步加大文化方面的投入。目前各金融企业虽然已经认识到文化产业的发展潜力,开拓了对文化企业的融资渠道,但是总体融资规模还比较低,文化企业需要进一步扩宽融资渠道以保证自身的顺利发展。因此资本投入的竞争力还有待提高。

总体来说,青岛市文化产业在生产要素方面有较强的竞争力,主要表现在文化产业园区规模较大,基础设施比较健全,如果将来进一步加大资本投入,吸引到更多的高级专业人才,将会极大提升生产要素的竞争力。

二、需求条件

钻石模型的需求条件主要强调两方面:一是企业必须重视发展内部市场,要详细了解市场的需求结构,二是必须重视客户(特别是挑剔客户)的需求,以客户需求为动力不断改进产品,提高自身竞争力。这里将从青岛文化市场需求结构和市民文化需求两方面对青岛市文化产业的需求条件进行分析。

（一）文化市场需求结构

近年来青岛市围绕统一、开放、竞争、有序的总体发展要求,根据各类文化产品的市场需求,不断发展不同规模和形式的文化市场,正在逐渐形成可以满足国际性、全国性和区域性多层次需求结构的文化市场。

为满足国际文化交流的需求,青岛市先后举办了中国国际小提琴比赛、中国国际电子消费博览会、青岛国际帆船周、中国(青岛)国际时装周、中国国际航海博览会、中国国际儿童电影节、青岛国际啤酒节、青岛国际汽车工业展览会、青岛国际海洋节、国际城市俱乐部帆船公开赛等一系列重要赛事和展会,成功提升了青岛文化产业的国际竞争力,为进一步加强与其他国家在众多文化领域的合作奠定了基础。

为满足国内的文化市场需求,青岛市一方面从承办文化创意产业交易节会入手,成功举办了中国国产电影交易会、中国国内旅游交易会、第三届中国品牌节、第十二届中国电影表演艺术学会奖(金凤凰奖)颁奖大型文艺晚会等节会;另一方面积极开展相关机构和企业合作,建成了各类文化基地。有力推进青岛与国内其他省市之间的文化交流与合作,为青岛的文化企业提供广阔的发展空间。

为满足地区间的文化市场需求,青岛市目前已经建成了城阳国际工艺品城、山东路古玩城、李沧同源书画、胶州、平度和莱西水沟头等七大文化市场;形成了具有地区辐射力的青岛文化街综合交易中信和青岛翰墨泉电子出版物物流中心;为满足青岛市各文化行业主体和专业市场的发展服务需求,成立了青岛创意产业协会、青岛市文化娱乐协会、青岛出版行业协会、青岛发行行业协会、青岛印刷行业协会等十大文化行业协会;由于近年来音像产品的需求规模越来越大,又相应建立了青岛音像总汇有限公司、青岛爱书人音像分销有限公司、青岛新华书店(集团)有限公司、国美音像四家图书音像制品连锁企业,扩宽了文化产品的交易流通渠道。

从文化市场需求结构来看,目前青岛的文化市场体系已经初步建立,各类文化营销手段、文化基础设施和文化组织机构比较齐全,基本可以满足国际、国内、地区间各级文化交流的需要。

(二)市民文化需求

虽然青岛市近年来的文化产业发展迅速,但文化产业的大众消费能力却并未有很大提高,这与青岛市在山东省经济社会发展中的领先地位很不协调。与上海、北京、广州、深圳等发达城市相比,青岛市民还没有形成主动进行文化消费的观念。这一方面与大部分民众的实际收入水平和文化产品的价格有相关,比如目前的电影门票、正版的图书和音像制品价格等文化产品,相对于市民收入而言还比较高,部分文化展馆门票和各类演出票价甚至脱离了市民的实际消费能力,导致市民的主动参与性不高,文化的有效消费需求不足;另一方面与青岛市民多年来养成的消费习惯尤其是文化消费习惯有关,即往往重视看得见的有形物质消费,不重视精神层面的消费,忽视了文化产品消费能够给自身带来更高的精神享受。因此居民文化消费需求的不足在一定程度上制约了文化产业的发展。

从市民文化需求来看,目前受收入水平和消费观念等因素影响,青岛市民文化支出较低低,文化需求消费不足。但是近十年青岛城市居民的年可支配收入和储蓄存款余额的年均增速分别达到22.8%和30.1%,说明青岛市民的文化消费能力还有很大的增长空间,文化产业的发展还有很强的后劲。因此,如果能进一步转变市民的消费观念,挖掘文化需求潜力,将有助于全面提高需求条件的竞争力。

三、企业战略、结构和同业竞争

文化产业的竞争力如果从微观的角度来分析,需要靠文化企业来体现,企业所采取的发展战略、所处文化市场的结构以及竞争对手的情况都会对产业竞争力产生重要影响,这里将结合青岛文化产业的发展环境,逐一进行分析。

（一）企业战略

1. 企业项目与海洋优势相结合

青岛作为一个典型的滨海城市,其海洋特征非常明显,部分企业选择利用海洋文化特色发展重大项目。如青岛银海旅游集团公司将游艇项目作为主要发展方向,按照国际标准建立了现代化功能齐全的银海国际游艇俱乐部,陆域面积六万七千平方米,海域面积八万六千平方米,规模全国最大,硬件设施国际一流。在项目建设过程中文化内涵不断丰富,又相继建设了大量具有浓郁海洋特色的建筑,如世界著名航海家建筑群、海星外形的国际会展中心、妈祖雕塑、海螺姑娘灯塔等,使银海游艇俱乐部成为高端旅游文化、海洋文化、运动休闲文化服务业的集聚地,既为银海集团进一步发展游艇经济扩宽了道路,也为打造"帆船之都"发挥了重要的示范和带动作用。

2. 企业产品与民间文化相融合

青岛是国家历史文化名城,民间文化底蕴深厚,民俗产业发展迅速。有的文化企业以青岛民间文化为切入点打造文化产品,取得了很好的效果。青岛数码动漫研究院通过深入研究青岛崂山文化,精心制作了"崂山传说"系列动画电影,其中《崂山道士》作为重点项目,以独特的青岛崂山文化为基础,体现了诸多原汁原味的青岛民俗元素,入选"2011年国家动漫精品工程"。胶州市杜村镇充分挖掘"孝女"焦花传说等民间文化资源,大力宣传和弘扬"德孝文化",建立了"孝之源"文化创意产业园。园区以民俗文化为依托,以旅游业为主导,目前已经发展成为集艺术培训、文化展览、旅游娱乐等功能为一体的综合性国家级文化创意产业园。

3. 社会效益与经济效益相促进

用社会效益来带动企业的经济效益,达到社会效益与经济效益的双赢是很多企业共同的选择。如青岛文化街就经常举办"百姓才艺大比拼""主题名家画展"等形式多样的文化活动,使街区的人气、商气不断聚集,知名度不断提高。这既丰富了青岛市民的精神文化生活,又增加了街区业户的经济效益,还拉动了周边服务业的发展,形成了良性循环的消费链条。同样,中联U谷2.5产业园在建设的过程中将老工业时代的厂房重新改造并加以利用,使许多工业遗迹都得到了很好的保护。改造后的园区历史文化氛围更加浓厚,迄今已经吸引了100余家企业入驻,为社会提供了1200余个就业岗位,而园区企业的年总产值超过20亿元,实现了企业经济效益与社会效益相促进的战略目标。

4. 企业发展与品牌塑造相统一

青岛目前拥有中国世界名牌产品2个,中国驰名商标64个,中国名牌产品69个,品牌数量在全国城市中名列前茅,打造高知名度的文化品牌无疑是众多文化企业的首选发展战略。青岛天物坊陶艺文化有限公司创立的"天物坊"陶艺品牌,将陶艺产品的DIY和展销联合起来,将陶艺教学、收藏、观赏和休闲相融合,逐渐成为中国陶艺行业的领跑者,"天物坊"

已获得"中国陶艺行业最受欢迎第一品牌"等多项荣誉。青岛嘉路博国际会展有限公司是目前青岛综合实力最强的展览公司,"嘉路博"作为山东会展业唯一的省级著名商标,旗下拥有青岛国际车展、春季房展和秋季国际车展三大品牌展会,随着三大展会的规模和影响力越来越大,"嘉路博"也已经成为青岛会展业的著名品牌。

(二)市场结构

目前青岛市文化企业类别较多,除了重点发展的五类文化产业所属企业外,还有创意设计类、咨询策划类以及综合产业园区等文化企业。为了解文化市场结构、激发企业发展动力和明确重点扶植对象,青岛市政府于 2010 年评选出了青岛市文化创意产业"十大龙头企业"和"100 家专精特新重点企业",其中"十大龙头企业"的总资产规模均在 2 亿元以上,年实现销售收入 5000 万元以上,"100 家专精特新重点企业"的总资产规模均在 100 万元以上,年实现销售收入 20 万元以上,这 110 家代表性文化企业的构成可代表目前青岛文化创意产业的市场结构。

(三)同业竞争

青岛市目前的文化企业数量有 15000 余家,其中民营文化企业超过 10000 家,由于绝大部分企业规模较小、企业产品和服务比较接近,企业之间的竞争非常激烈。经过近几年的发展,青岛各区市根据自身的实际条件和发展实际,逐步调整、优化发展布局,确立了各自的文化产业发展方向。六个城区利用各自在经济、人文、科技、人力资源等方面的优势大力发展动漫游戏、影视传媒、文化产品制造等产业,县域四市则发掘自身的文化传承、自然风貌、人文古迹等资源,发展具有本地区特色的文化产业,一方面改善了文化产业区域发展不平衡的现状,提升了各区市的文化整体竞争力,另一方面减少了遏制了文化企业无序发展的势头,有效减少了企业之间的恶性竞争。

第三节 提升青岛市文化产业竞争力的对策建议

从前文的相关分析来看,青岛市文化产业近几年发展较快,在同级别的副省级城市中排名比较靠前,但相对于经济更为发达的城市,如广州、深圳等地,还有很大差距,主要体现在产业规模较小、文化消费水平较低、相关文化支持产业发展程度不高等问题,都在不同程度上制约着青岛文化产业整体竞争力的提升。接下来结合钻石模型理论,从生产要素、需求条件、相关支持产业和企业战略四方面提出提升青岛市文化产业竞争力的相关对策建议。

一、生产要素方面

(一)继续推进重大文化项目建设

2022 年,青岛市政府召开新闻发布会解读《关于促进文化产业和旅游业高质量发展的实施意见》《关于促进文化产业和旅游业高质量发展的若干措施》（以下简称《实施意见》《若干措施》）。

《实施意见》以推动文化和旅游高质量发展为主题，坚持以文塑旅、以旅彰文，实施数字文旅战略，推动文化、旅游与相关产业融合发展，进一步完善文化旅游产品和服务供给，激发文化旅游消费潜力，提高文化产业和旅游业对城市发展贡献度，助力现代化国际大都市建设。

《实施意见》提出，到"十四五"末，青岛市文化产业增加值达到1000亿元，年均增速达到10%。旅游业快速恢复，质量、效益稳步提升。重点聚焦影视产业、音乐演艺、创意设计、数字文旅、海洋旅游、融合业态旅游等六大领域，并通过实施市场主体培育工程、产业载体提质工程、产业服务平台打造工程、文旅消费提升工程、文旅金融服务创新工程、文旅交流营销工程等六大工程推动文化和旅游高质量发展。

《若干措施》聚焦创意设计、数字文旅、影视产业、音乐演艺、文旅金融、海洋旅游、新业态旅游等领域，通过政府鼓励、支持、引导，吸引社会力量积极参与，力争把青岛建设成为国内一流、世界知名的文化创意中心城市，打造国际滨海旅游目的地，主要包括培育壮大市场主体、鼓励企业创新研发、加快产业载体建设、丰富扩大产品供给、激发文旅消费潜力、优化产业发展生态等27条内容。

《实施细则》则重点从支持标准、申报条件、申报材料、申报审核程序等方面，对《若干措施》有关内容做了进一步解释说明，具体包括促进文化产业高质量发展政策措施和促进旅游业高质量发展政策措施两个方面。

同时在建设过程中要加强项目的规范管理、引导和调控，避免重复建设、资源浪费等问题的出现。

（二）加快文化人才的培养和引进

针对目前青岛演艺策划、编导、创意设计等高端文化产业人才严重短缺的现状，青岛市应专门构建文化产业人才资源平台，建立科学的人才培养、引进、使用和管理机制，着力加大对年轻人、高层次人才、复合型人才的培养力度。在适当时机建立文化产业专家库，实施高端紧缺文化人才培养计划，促进高等院校、培训机构、与文化企业共同创建人才培养、项目策划等基地。另外还应该通过制定优惠政策等措施吸引海外高层次文化产业人员来青岛工作，加大人才培养的国际合作力度，通过"引进来"和"送出去"，尽快聚集一批熟悉海外文化企业运作的创意、研发、管理的高端人才。

（三）健全文化产业投融资体系

在文化产业发展的资本保障方面，应优化投融资环境，调动银行等金融机构扶持文化产业发展的积极性，引导金融机构加大对发展前景良好的文化企业的支持力度，逐步提升文化产业融资规模，扩宽文化产业融资渠道。争取培养一批文化信用担保、文化类无形资产评估、文化资产保险、产权交易所等文化金融服务机构。还可以设立文化产业发展基金,构建文化产业投融资服务平台,形成服务于文化产业的多层次、多渠道、多元化的资本市场体系,不断完善青岛市文化产业投融资体系。

二、需求条件方面

面对年人均文化消费支出较低的问题,需要重点加强对市民文化消费观念引导,扩宽多元化的文化消费渠道。与发达城市相比,当前青岛市民主动消费文化产品的观念尚未形成,由于部分文化产品(如电影票、正版音像制品等)价格相对于市民收入来说比较高以及一般重视物质消费的传统消费习惯,使得民众的文化需求较低,文化消费较少,对此应该积极合理地引导居民的文化消费,按文化消费需求调整文化商品及服务的生产与布局,改变供求不平衡的现状。一方面,可以充分利用媒体向社会宣传和介绍现代社会的"文化消费"理念,让市民逐步树立起文化消费的观念和意识;另一方面,要继续打造有影响力的文化产业品牌,以品牌产品和品牌经营提升文化消费品的质量。从现实看,无论是乐器、视听设备、工艺品、音像图书等文化产品,还是旅游、影视传媒、演艺娱乐等文化服务,只有依赖于品牌化的生产经营,才能得到消费者的认可和关注,进而得到繁荣和发展。另外还应根据各市区的经济发展水平和居民收入水平,建立多元化的文化产品生产线,生产、提供不同档次、不同规格的文化产品和服务,以满足不同消费群体的文化需求。

三、相关与支持性产业方面

(一)培育特色产业链条,发挥产业关联效应

青岛市在发展文化产业过程中,要注意发挥产业的关联效应,积极拓展产业链条,加强文化产品的研发商、运营商、发行商、销售商及周边服务商之间的紧密联系,争取形成具有青岛本地特色的文化产业链条;同时还应该努力推动文化龙头企业的发展,鼓励本地企业之间、本地企业与国外企业之间的并购、重组,形成一批具有自主知识产权、具有较大规模和较强实力的企业集团,带动整个文化产业链的发展。

(二)明确各支持产业的重点发展方向

在青岛市文化产业发展过程中,应避免面面俱到,要结合各产业的发展空间、成长性和可持续性,明确其主要发展方向。出版发行业今后应加快传统出版业向现代出版业的转换,促进数字技术和出版业的融合,积极发展电子图书、手机报刊、网络出版物等新的传媒产品;文化产品制造业应该瞄准国际高端文化市场,以传统手工技艺为主要生产方式,争取将劳动密集型的手工艺品变为高文化附加值、具有青岛地方特色的文化产品,打入国际高端文化市场。

四、企业战略方面

　　青岛市文化企业目前存在企业规模较小和从业人员数量不足的问题,大部分文化产品制造业企业还处于产业链低端,产品附加值较低,大型文化企业只有少数国有转制企业,综合市场竞争力不够,行业带动效应不明显。因此,首先要始终坚持把培育骨干文化企业作为文化产业发展的重点,采取推进文化体制改革、整合资源、调整结构、跨地区经营、引进资本等方式,重点培养一批成长性具有自主创新能力的龙头文化企业,使企业规模不断壮大,市场竞争力不断提升。其次,文化企业要主动与高新技术融合发展,加强与高校、高新产业园区研发中心等科研主体的交流与合作,提升文化产品的科技含量和附加值。最后,文化企业要始终奉行品牌化战略,完善企业管理体系,突出产品的差异性和创新性,并通过多渠道宣传在消费者心中留下独特的印象,逐渐形成品牌效应,使自己的生产和经营能力不断增强,企业的市场竞争力也会随之提高。

第六章　山东青岛城市文化特色的文创产品开发与应用

文化创意产业是当下新兴热门产业,各国对文化创意产业的重视也日益增强。随着经济的日益发展、互联网及科技的进步,世界各国逐渐形成全球化的局势,文化创意产业的概念在中国也获得了一定的关注。

第一节　文创产品及产业发展探究

一、文创产品的概念界定

文创产品,全称"文化创意产品",是文化创意产业经济发展的重要产物。随着近几年经济的飞速发展,文创产品已逐渐发展为文化创意产业中不可或缺的衍生产业链,同时也是一项受众面较广的产品,广受消费者好评。

从文创产品的设计角度进行分析,文创产品既要基于文化基础,涵盖丰富的文化内涵,又要富有创意,满足现代消费需求和审美情趣。区别于传统的产品设计,在外形层面上,文创产品不再限于外观的形式和外形的美感,更加侧重于内在文化的输出与表达;在使用层面上,文创产品在顾及其功能性的同时,赋予产品一定的故事性,并着重提升用户的情感体验,并尽可能与用户产生互动或交流,在创意中获得一定价值。

在这个经济飞速发展的时代,人民的物质需求不断提升,精神需求更是高于以往,人们也更乐于满足自我的情感与娱乐诉求。因此,文创产品应具备娱乐要素。同时,文创产品作为商品,其经济要素也是不可忽视的。

二、文创产品及产业发展现状

（一）国内研究现状

文创产业在我国起步较晚,略落后于其他国家。但文创产业作为我国的新兴产业,发展势头迅猛。政府时刻关注文创产业形势,在文创产业的发展上也出台相应的扶持政策,针对性地增强基础建设,为文创产业打造坚实平台和发展空间。

2009年《文化产业振兴规划》中,将文创产业作为国家战略的重要部分,近些年我国对文化创意产业也愈加重视。

在国家政策的鼓励下,国内许多城市依托自身的地域文化特色,结合经济发展形势,建立文化创意产业基地,使文创产业更加蓬勃发展。2006年11月,北京市率先发布《北京市促进文化创意产业发展的若干政策》,从八个方面推进北京市文创产业进步。其中,北京798艺术区就是文创产业在我国发展的优秀案例。如今,北京798艺术区已是世界著名文化创意园区,世界各国的艺术家及店铺在此销售自己的文创产品,推广独特文化的同时也获得经济收益。

除北京798艺术区外,全国各地也建立了诸多文创产业园,如上海2577创意大院、杭州LOFT49、深圳F518创意产业园等,已形成一定的产业集群化。以文创产业带动城市经济建设,以文创产品推动城市文化推广,使我国文创产业飞速发展,大有成为我国支柱产业的态势。

(二)文创产品及产业的未来发展趋势

纵观世界各国,文创产品及产业有着丰富的文化资源和广阔的发展前景,是各国不容忽视的一个部分。

根据国家统计局的数据,在全面深化文化体制改革、不断提振文化消费需求的背景下,2019年我国文化产业继续保持平稳较快发展,全国规模以上文化及相关产业企业实现营业收入86624亿元,比上年增长7.0%,产业结构不断优化。同时,据对全国5.8万家规模以上文化及相关产业企业调查,2019年,上述企业实现营业收入86624亿元,按可比口径计算比上年增长7.0%,保持平稳较快增长。十八大以来,文化产业总体融资规模及总体营收规模不断扩大,由此推测,文创产品及产业未来仍会保持发展,并处于上升趋势。

现今,越来越多的公司或设计师个人参与到文创产品的设计中来,文创产品设计大放异彩。其中以故宫文创系列为首的文创产品在国内外获得一致好评,国家对文创产品也进一步推广,出台相应的优惠政策,使得文创产业及文创产品设计得到更好更快的发展。对于我国而言,文创产品及产业作为一个新兴项目,整体发展呈上升态势,未来发展趋势也是相当可观的。

第二节　青岛城市文化特色探究

一、青岛城市文化简述

青岛隶属于山东省,是一座文化底蕴深厚的历史古城,有着丰富的海洋文化、蓝色文化、中国传统道教文化、舶来文化、红色文化、奥运文化等,这些多种多样的融汇为一体,形成了现在青岛独具特色的本土城市文化。

青岛靠海,海洋文化与蓝色文化始终融汇于整体城市文化中。全场 730.64 公里的海岸线形成了独特的地理风貌和怡人的自然景色。以市区"沿海一线"为代表的风景区,涵盖了八大关景区、小麦岛公园、海水浴场等著名旅游景点,是青岛核心旅游景区之一。中国及亚洲第一座水族馆、中国第一所海洋研究所也诞生于青岛,可谓受海洋文化与蓝色文化影响深远。

除海洋外,崂山、大泽山、大小珠山-藏马山-铁镢山这三大山系造就了青岛特殊的丘陵地形。三大山系中,崂山山系最具盛名。崂山被称为"海上第一名山",也是中国道教名山之一。道教作为中国土生土长的传统宗教,其道教文化也催生了螳螂拳等众多国家级非物质文化遗产,成为青岛城市文化特色的一部分。

"红瓦绿树、碧海蓝天"是康有为对青岛风光的评价。其中"红瓦"指的就是青岛极具特点的德式建筑,屋顶多为红色牛舌瓦。受历史原因影响,在青岛市南区、市北区等老城区,仍保留着大量的德式建筑群,如今已成为青岛代表性旅游景点。德式建筑作为舶来文化在青岛的表现形式,受到青岛政府及市民的积极保护,铸就成青岛独特的城市文化。

红色文化在青岛城市文化中也占据重要位置。青岛五四广场是在五四运动的历史背景下建立的。青岛主权问题正是"五四运动"的导火索,青岛五四广场便由此命名,其标志性雕塑"五月的风"也成为青岛城市新地标。

2008 年奥运会室外水上运动项目由青岛承办,奥运文化也融入青岛城市文化血液中,为青岛城市文化增光添彩。

二、青岛城市文化特色元素提取

(一)元素提取:衣

青岛地处孔孟之乡,各种民俗及日常生活习惯皆受传统文化影响深远。儒家思想强调"礼制",而服装作为体现等级制度的手段之一,无论是从颜色还是样式上都显得较为谨慎。早些年间,青岛地区居民着装风格相对朴素,色彩也较为单一,材质以棉麻布料为主。

鲁绣又称"山东绣",是中国"八大名绣"之一。鲁绣在青岛也得到了很好的发扬与继承。除中国刺绣传统题材和图案,如牡丹花、荷花、鸳鸯、凤凰等,青岛地区有一些独特风格的纹样,如虾纹等,常用于服饰上,尽显青岛独特的城市文化。享有"抽纱瑰珍"美称的即墨花边也是鲁绣的一种。其工艺手法精湛,质感素雅明快,装饰于家居用品、服饰上也别有一番特色。

早期青岛地区的居民以打渔为生。青岛作为沿海城市,渔业是当地居民主要产业之一,服装也顺应这一生活方式进行改变。防水和防寒是很多青岛传统服饰的显著特点,也是最重要的属性之一。由于青岛沿海,对外交流频繁,特别是近代开埠后,在服饰传统方面受外来文化影响较明显。如今,青岛已紧随时代潮流,传统服饰特点与现代服装风格并行不悖,既适应生产环境,也成为沿海城市的城市特色。

(二)元素提取:食

青岛地理环境优越,得天独厚的地理环境孕育了丰富的饮食文化资源。"靠山吃山,靠水吃水"这一俗语,是对青岛饮食文化最好的描述。

青岛的众多"山"中,最有名的还要属崂山。自1959年青岛市"南茶北引"工程试种茶苗成功后,崂山茶成为青岛特色茶种,也是中国茶文化在青岛传承的代表,享有"江北第一名茶"的美誉。如今,崂山茶已成为青岛特产之一,是游客的旅游馈赠佳品。

青岛三面环海,"海"是青岛饮食文化的核心来源。青岛菜系归属于鲁菜菜系,又因地理位置的影响盛产海产品,其很多菜品的原材料和内陆地区的鲁菜有很大区别。"吃蛤蜊、哈啤酒""观海景尝海鲜"是众多游客游玩青岛首选餐饮体验,劈柴院、台东美食街等特色小吃街也是游客的餐饮"圣地"。

啤酒文化也是青岛饮食文化的重要组成部分。经过百年发展,现今,"青岛啤酒""崂山啤酒"等已成为世界驰名品牌,其品牌价值名列啤酒行业前茅。青岛啤酒博物馆的建立,将旅游与青岛啤酒文化相结合,也使其成为青岛最吸引游客的景点之一。

北方人喜面食,胶州花馍也是青岛特色面点之一。作为国家级非物质文化遗产,胶州花馍在世界同样享誉盛名,不仅造型生动、色彩艳丽,其工艺也相对复杂。胶州花馍不仅可食用,也可以算是独具青岛城市文化特色的精致手工艺品。

(三)元素提取:住

德占时期的建筑风格对青岛的住宅外观影响深远,并成为城市规划的重要部分。如今,青岛很多现代建筑,如新楼盘、居民区等新建筑群,在设计外观时也特意借鉴德式建筑的特点,如哥特式尖顶、瓦片房顶等,与保存下来的传统德式建筑相辅相成,形成独具特色的城市风景。

在城市色彩规划方面,青岛城市色彩整体以暖色调为主,明度、纯度、饱和度均相对较低,与树木的绿色、海洋的蓝色彼此衬托,大方且雅致。城市空间规划方面,受丘陵地形影响,青岛的城市建筑同时保有丰富的空间跳跃感,规划建筑时也善于利用山坡、高地等地势,使得城市建筑错落有致,个性鲜明。

除现代城市建筑外,青岛沿海周边还保有大量传统聚落,如渔村、传统村落等。海草房是沿海渔村中最普遍的一种住宅建筑,材料皆为就地取材,以石块砌墙,以海草铺成屋顶,建成样貌独特的海草房。海草房屋顶整体呈三角形,不仅外观特别,还具有生态特性。海草房具有适应青岛沿海地区气候的能力,防潮防寒,坚实耐用。海草房既是沿海地区的建筑艺术,也是青岛周边沿海地区人民的智慧体现,代表青岛的传统住宅风格,彰显城市文化特色。

(四)元素提取:行

关于青岛城市文化,民间有"青岛八大怪"的顺口溜,其中有"一大怪"是"骑车没有走路快"。由于青岛的地形地势较为特殊,无论个人交通还是公共交通,整体对非机动车出行有很大程度的限制与影响。丘陵地形是青岛的主要地形,颇为崎岖,道路坡度大。受早些年间青岛城市规划的影响,青岛道路还存在支路交叉、错综复杂的问题。目前,青岛的交通主干道很大一部分是无法设立非机动车道的。因此,自行车无法在青岛日常出行中获得有效利用,这也是共享单车无法在青岛长期发展下去的原因之一。

对比共享单车,青岛其他出行方式的公共交通建设还是较发达的。出租车、网约车储备资源丰富,公交车线路多、覆盖广,占公共交通出行的很大比重。但由于青岛道路狭窄,尤其在青岛老城区,路边建筑大多依山而建,也无法通过拆除建筑的方式进行道路拓宽,因此堵车现象也较为普遍。近些年,青岛政府大力发展地下空间建设,建立多条地下轨道交通道路。自 2015 年年底青岛首条地铁线路开展试运营,目前青岛已拥有在运行地铁四条、在建地铁四条。青岛地铁技术先进,载客量大,无交通拥堵负担,已成为很多人的公共交通出行首选。

青岛是港口城市,轮渡也是出行方式之一。目前,青岛拥有两个城中轮渡站,主要来往于市南区与黄岛区。随着科技进步与城市发展,青岛与黄岛之间建立跨胶州湾大桥、海底隧道等,城区间交通更为便捷,轮渡客流量逐渐减少。但轮渡作为青岛独特的交通工具,旅游旺季时大部分游客仍会选择乘坐轮渡,体验青岛城市文化特色。

(五)元素提取:文娱

现代社会,文娱生活是必不可缺的。文娱活动不仅是人们的精神文化基础,丰富与充实着人们的内心世界,也是一座城市的"文化名片"。

青岛丰富的环境资源给当地居民的文娱生活创造了得天独厚的地理条件。青岛多山多树,爬山、踏青这些较为常见的活动是市民文娱生活的普遍选择。而海洋是这座城市的"灵魂"。老青岛人依海为生,出海、赶海是其生存方式。随着社会进步与经济发展,如今的出海、赶海已属于日常文娱生活的一部分,更多人将其作为一种生活中的乐趣。青岛旅游业发达,外地游客游玩青岛都会尝试海钓、挖沙、捞海菜、挖蛤蜊、洗海澡等海洋相关游玩项目,体验青岛城市特色文化。

节庆活动是文娱生活的集合体,体现着一座城市最为精彩的历史文脉与特色文化。青岛有众多不同类型的节庆活动,如展示民俗风情的海云庵糖球会、宣扬自然风光的青岛海洋节、受德国文化影响的圣诞集市等。其中,影响力最广的当属青岛国际啤酒节。为发扬与继承青岛啤酒文化,青岛市将啤酒文化与文娱活动相结合,打造出"青岛国际啤酒节"这一全球旅游品牌。青岛国际啤酒每年吸引上百万游客,这一特殊节日也成为青岛的城市文化特色之一。

第三节　青岛城市文化特色在文创产品设计中的开发思考

一、设计定位

(一)受众人群

从人类需求分析,如若一款产品设计想要受到大众喜爱,甚至广泛流传,就必须要了解人的内心想法,一切产品设计的基础实际就是以人为本,产品的设计初衷就是为人服务,让生活更便利,让平淡的时光变得更美好,因此只有深谙人性的需求,才能设计出一款的好产品。

根据美国心理学家马斯洛的需求层次论(如图6—1),回归文创设计需要重视消费者的基本需求,用户的情感需求为其核心。这取决于能否让用户用感性看待一个产品,从喜欢到使用,以至于爱上某一个产品的独特设计理念。在当今我国消费升级的大环境下,消费者从原来注重产品的原始实用性向美观性、便利性、功能性及认同的设计理念转变,因此产品设计更要从安全需求、社会需求向围绕自我需求和自我实现需求转变。

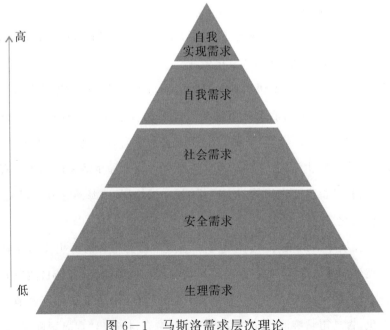

图6—1　马斯洛需求层次理论

　　从地域范围分析,旅游地居民可分为外地游客、当地居民两大类。城市文创产品也可作为旅游纪念品,游客大多数会选择购买几件带回,无论是馈赠亲友或自己留念,都颇有纪念意义。如今当地居民也会购买自己城市文化特色的文创产品,这是情感消费的一种表现形式,但本地人更注重其创意性与实用性。

　　从年龄范围分析,城市文创产品的受众人群年龄范围比较广,其中更受 15 岁至 35 岁的青少年及青年的青睐。年轻人思想活跃,对时尚、新奇的设计更感兴趣。文创产品蕴含青岛城市文化特色,设计新颖,易吸引年轻人的目光。

　　从受教育水平和经济能力范围分析,教育程度越高、经济水平越高的人越易在文创产品上投入更多。文化程度高的人一般目光敏锐,重视产品所代表城市文化内涵,因此更易产生购买欲望。高收入人群的享受型消费占个人总消费比重更大,更易将对青岛城市文创产品纳入享受型消费的范畴,进行大量收集,满足自己的喜好。

(二)市场发展

市场的发展主要分市场内在动力、市场外部推力两部分。

　　市场内在动力方面,青岛占有很大优势。青岛的文化底蕴丰厚,城市特色鲜明,同时兼备浓厚的历史文化背景和丰富的自然文化资源,也存在不少可开发资源。青岛靠海,与海为生的青岛人骨子里富有豪爽勇敢的天性和冒险精神,对新兴产业渴望探索与尝试。青岛拥有这些与生俱来的内在条件和内在动力,对于城市文化特色的文创产品开发自然更加有优越性,更具探索精神。

　　市场外部推力方面,青岛政府出台了一系列相关政策,与国家政策和山东省政策进行配套,对文化创意市场进行扶持。自 2005 年,中共青岛市委办公厅、青岛市人民政府办公厅发布《关于开展"文化建设年"活动的意见》,青岛文化创意产业进入集中发展时期。除此之外,青岛作为港口城市,区位优势明显,与国外贸易及文化交流频繁。城市文创产品作为新兴产品,与国内外展开交流是很好的进步方式,可以为青岛城市文化特色的文创产品开发提供新思路。

(三)存在问题

1.设计审美单一

　　目前的青岛城市文创产品中,产品外形简单,大多以海洋作为其城市文化主题。青岛拥有丰富的文化资源,可提取的城市文化元素也不只有"海洋",局限在单一的审美中对青岛城市文化特色的文创产品有很大制约。

2.产品功能性差

　　目前青岛城市文化特色的文创产品,很大一部分只考虑外形,忽略产品质量。从类别看,诸如水杯、笔记本、玩偶等,大多粗制滥造,质量堪忧,且没有很好地发挥文创产品的实用价值。这种不考虑功能性的文创产品,影响用户体验和日常使用感,一定程度上也会影响青岛的城市文化形象。

3.品牌意识薄弱

文化品牌效应是当下新兴文化的发展形势,也是目前多元化文化世界的发展状态。一座城市也可以将自己的城市文化特色打造为属于自己的城市文化品牌,提升文化软实力与国际影响力。由于青岛文化创意产业起步较晚,青岛整体城市文化品牌意识较薄弱,不利于青岛城市文化特色的推广与宣传。

4.人才培养缺失

推动产业行业发展,专业人才的培养是核心推动力。文创产品设计属新兴设计类型,更加需要人才的力量。目前高校对于文创产品设计人才培养处于起步阶段,企业对人才的管理不够系统全面,容易出现断层局面。

二、设计理念与设计创新点

(一)传承城市文化本土性

文化本土性是指人群受当地环境、气候等自然条件影响,日积月累形成的思维思想、生存方式、风俗习惯等,具有特定的地域性。区位是决定一座城市的文化本土性的根本因素,不同区位的文化本土性各不相同。

在全球化的大形势下,各地对外交流频繁,本土文化极易受到外来文化的侵袭。在市面上很多文创产品设计中,部分设计只追求新颖、前沿,逐渐将经典的本土文化淡忘,导致整体设计文化本土性不强,不具备代表青岛城市文化特色的能力。传承青岛城市文化的本土性,维持青岛城市文化特色,避免过多受外来文化的影响,是青岛城市文化特色文创产品开发与设计中最应重视的部分。

(二)衍生城市IP特色性

二十一世纪,互联网发展迅猛,世界各地受网络关联密切,城市与城市间的联系与影响在网络范围进一步扩大。

青岛城市文化背景深厚、特色鲜明,享有"电影之都""帆船之都""啤酒之城"等称号。2020年1月,青岛又被国家认定为第五个"中国软件特色名城",可见城市文化实力雄厚。在这样的背景下,青岛城市文化不应继续随波逐流。将目光放长远,提升城市维度,利用文创产品设计创造"城市IP"效应,才能使青岛城市文化特色进一步传播,使其成为世界瞩目的文化印记。

(三)发展品牌符号系列性

城市文化的文创产品设计只作为单一的城市符号不够的,只有将其作为品牌并进行系列化设计,才有足够的发展空间。

目前青岛文创市场的大部分产品存在系列性效果不强的问题。单一的文创产品是无法满足用户需求的,也不利于产品商业价值的推广。作为展示青岛城市文化特色的文创产品,为加强城市文化品牌效应、打造更为深刻的城市 IP,在设计过程中应扩大品牌符号系列化开发,形成复合化商业模式,为青岛城市文化特色增强文化延展性,进一步提升国际化都市进程。

(四)坚持文创产品实用性

优秀的文创产品不仅需要美观的外形、丰富的文化内涵,对产品的实用性价值同样需要良好把控。若文创产品实用质量不达标,则代表其功能缺失,外观再好看的产品也只是一副空壳,不能算是完整的文创产品。

设计青岛城市文化特色的文创产品,既作为"城市名片"起到城市文化宣传效果,也是富有实用价值的日常用品。因此,在设计与开发过程中不应以偏概全,尽量做到审美与实用相统一,情感诉求与应用诉求相一致。在生产过程中,对产品进行严格品控,提升产品整体使用感。将青岛城市文化特色文创产品融入日常生活,完善产品使用感,延长产品使用寿命,既满足青岛城市品位提升的目标,同时完成青岛城市文化特色在潜移默化中进行传播与推广。

(五)提升城市旅游纪念性

旅游业是青岛三大支柱产业之一。据青岛市统计局发布的《2019 年青岛市国民经济和社会发展统计公报》显示,仅 2019 年,全年全市接待游客总人数 1.09 亿人次,增长 9%;实现旅游总收入 1955.9 亿元,增长 13%。总结来看,青岛旅游业依旧呈快速发展趋势。随着居民生活水平的日渐提高,消费结构也有所调整和改善,人们的旅行方式不再局限于曾经的大型旅游团模式,小型旅游团、自由行、创意游等精品旅游模式更受游客青睐。

精品旅游、创意旅游使游客目光更加敏锐,审美层次更为严格,对青岛城市文创产品的要求和需求也大幅度提升。城市文创产品作为一种物质形式,增强游客对旅游体验的纪念性。因此,在青岛城市文化特色文创产品的设计开发时,要注重用户体验进行优化升级,做到消费者需求与情感的统一。

(六)引领设计潮流时代性

国外的城市文创多与当地博物馆合作,以文物作载体,提取相关元素与并与当地城市文化特色结合,进行再设计。如世界三大博物馆之一的大英博物馆,其文创产品"小黄鸭"在全球范围内广受好评,卷起一股抢购"小黄鸭"热潮。

在国内,城市文创设计是整个设计行业的新版块,而北京故宫、台北故宫的文创产品已引领全国各市迈入城市文创新征程,具有划时代意义。由此可见,城市文创产品在提高城市文化软实力方面起到了至关重要的作用。青岛应向众多榜样城市学习,展现城市文化特色,体现城市文化历史积淀与人文情结,引领文创设计的潮流性与时代性。

三、设计开发策略

(一)政府政策推行实施

1.高校人才培养计划

文创设计对于青岛设计行业来说是较新潮的,文创设计专业人才在青岛有数量不足、素质普通、专业针对性不强等问题。为激发青岛文创活力,政府应将目光集中于人才培养层面,制定人才培养计划,使其成为青岛文创行业发展的推动力。

高等院校是培育各行各业优秀人才的摇篮。《关于在新旧动能转换中推动青岛文化创意产业跨越式发展的若干意见》中,提出青岛文化创意产业应探索与高等院校的进一步关联。为促进青岛文创行业发展,促进城市文化特色文创产品的创意开发,青岛本地高校应注重设计教学结构的转变,高度重视文创产品设计相关课程的应用与引导,如开设专题培训班、调整专业课程比例等。政府与高校合力推进复合型人才培养,才能促使青岛文创事业实现跨越式发展,青岛城市文化特色的文创产品设计完成质的飞跃。

2.企业模范带头作用

通过对国内外文创行业发展现状进行一系列分析可发现,企业是整个文创行业不可或缺的引导组织,这是全球文创行业先进城市得出的宝贵经验。企业是城市文创的发展动力因子,优秀企业的模范带头作用尤其关键。

自2014年1月,青岛市文化广电新闻出版局公布第一批青岛市文化创意产业园区、优秀新业态文化创意企业和文化创意产业重点项目名单。至2020年初,青岛已有数十家文化创意产业园。如早期的创意100文化产业园、近期的东方影都等,都是有多家领军企业入驻的文化创意产业园。因此,入驻企业的规范管理格外重要。龙头企业的聚集效应更利于青岛文创产业跨入新高度。

政府政策带动企业积极引进文创行业带头人,同时企业提高待遇,优化创业环境,加强专业氛围,吸引高端人才,为青岛文创行业及城市文化特色的文创产品设计开发做出贡献。

(二)线上模式

1.电商平台推广

网络购物如今已成为千家万户的日常消费方式。相较于线下购物,线上购物模式可以为消费者提供更多商品、店铺的选择,让消费者足不出户就享受到世界各地的产品。线上购物在距离影响、价格影响、制造成本影响方面都占有很大优势,这也是目前网购接受程度高的缘由。

城市文创产品作为产品的一种分类,应紧跟当前购物模式的潮流。以故宫文创产品网店为例,在展开网络贩售的同时,积极参与"双十一""618年中大促"等网络购物节,刺激全国乃至全球各地的文创产品爱好者前来消费。这都是青岛城市文创行业可学习的方式。

与电商主播进行直播销售合作,也是推广青岛城市文创产品的新模式。除此之外,利用青岛城市地理优势,规划"淘宝村"等专门生产青岛城市文创产品的村落,既可以为本地居民带来收益,又能起到宣传青岛城市文化特色的效果。

2. 社交平台宣传

二十一世纪,科学技术日新月异,智能手机的广泛应用使当代社交迅速步入"快车道",各类社交App、短视频App的兴起,构建成为全球沟通的桥梁。人们对信息的需求也在提升,在社交平台宣传城市文化、推广城市文创产品也成为一种新风潮。

2014年,故宫文创产品开始崭露头角,如今,故宫已研发文创产品上万件,风靡全球各地,其中"故宫淘宝"公众号对故宫文创的推广宣传起到了至关重要的作用。新媒体及社交平台对文创产品的宣传推广,为青岛城市文创提供了可行性参考。跳出传统思维局限,在做好青岛城市文化特色的文创产品设计时,注意社交平台的运用,实现"网红"效果,达成产品"出圈"。将展现青岛城市文化特色的文创产品做成"爆款",将青岛城市文化进行广泛传播,使之成为青岛城市印记并得以延续与传承。

(三)线下模式

1. 文创产业园

根据国内文创产品市场现状总结,目前绝大多数的城市文创产品销售为线下模式,在实体店或摊位进行贩卖。随着文创设计行业的飞速发展,许多文创相关的组织和机构应顺应时代发展潮流,进行模式与结构的改革。

文创产业园是文创企业的聚集合作园地,在政府政策引导下彼此合作可以共创文创行业新发展。虽然青岛已成立多家产业园、创客中心,但仍存在部分利用率低下的问题。文创产业园不应只停留在培育层面,在文创产品零售商业上也有可开拓空间。例如,站在文创产品爱好者的角度,文创产业园是其探索文化创意专业技术与价值的场所。若在青岛诸多文创产业园内开设文创产品实体商店、文创设计培训班等,不仅能带动园内企业经济发展、提高文创产品销售额,也能从市场销售层面推动青岛文创设计进步,更有效地对青岛城市文化特色做出推广。

2. 公益、商业场所

综合国内外行业的现状进行分析,除文创产品专门商店外,其他公共场所也可对文创产品进行宣传推广与销售。从公共场所的使用性质进行分类,公益类场所如博物馆、图书馆等,商业场所如旅游景点周边、商业综合体、书店、杂物店等,都设有文创产品商店或摊位,以促进文创产品销售。

青岛旅游业发达,在旅游景点周边已有不少城市文创产品商店存在,并且销量良好。目前青岛也有不少新型独立书店、综合商场,这些休闲娱乐地点也设有城市文创产品的摊位,进行产品贩售。但博物馆、图书馆等公益场所的发展情况远不如商业场所。随着"新博物馆学"的推广,全国已有多家博物馆在文创产品开发方面获得成功,如故宫博物院、苏州博物馆等。有行业榜样的存在,青岛更应积极学习,以公益、商业场所为载点,进行经营方式的创新与改革。如近些年火爆的"盲盒"机制、"娃娃机"机制等,都是青岛文创行业可学习的销售模式。改善城市文化文创产品的销售生态环境,才能将青岛城市文化特色品牌塑造得更为完整。

3. 国内外文创展会

自 2006 年山东举办第一届文博会至 2020 年,山东文博会已成功举办八届,为山东各城市文化交流构建了良好平台,提供了更多经济贸易条件。2018 年,上合峰会在青岛举行,为青岛文化创意行业带来难得机遇和丰硕成果。在同年的第七届山东文博会上,青岛多项成果名列全省前茅,合作项目多、投资额度大,青岛城市文化特色影响力也进一步推广。

除山东文博会这一省内文化创意展会外,2019 年,中国文化和旅游品交易会暨中国工艺美术博览会在青岛的成功举办,提升了青岛城市知名度,扩大了青岛文创行业在全国范围内的影响力。因此,青岛应更加积极地参与或承办全国全球的文化创意展览、展会、博览会等,加强科学技术交流和城市文化交流。在对青岛城市文化特色推广宣传的同时,青岛市也应积极向其他城市学习,对当前青岛城市文化特色的文创产品进行改良和创造,把握机遇,实现合作共赢。

第七章　文化与新型城镇化融合：充分发挥文化的引领能力

文化是现代城市竞争力的核心内容，是城市创新发展的强大动力，影响并决定着城市发展的前景和方向。曲阜是国家级历史文化名城和世界著名文化圣城，其许多内源性的历史文化资源和其他富于地域特色的文化发展要素，注定是带动城镇化的长久动力。在当前新型城镇化进程中，以文化城市为方向，建设曲阜优秀传统文化传承发展示范区，既是推动曲阜城市健康可持续发展的必然选择，也能为全国城市化的良性发展提供重要范例。

第一节　"文化城市"的内涵与建设内容

一、文化城市建设是世界城市化进程的新趋势

城市出现于距今大约六千年前，在短暂的城市历史进程中，人类在不同的地区创造了极为丰富多样的文明成果。据联合国有关组织估计，到目前为止，全球有55％的人口居住在城市。改革开放以来，我国城市化发展迅猛，规模和速度在人类发展历史上从未有过，是当前和今后一段时期我国经济、政治、文化、社会等方面活动的中心。[①]

"文化城市"与"城市文化"是两个联系紧密又有所区别的概念。所谓"城市文化"，从广义上说，是一个城市的物态文化、制度文化、行为文化和精神文化的统一体，是物质财富和精神财富的总和；从狭义上说，它主要指一个城市精神形态的文化及其外化产物，大致包括城市中人们的思想观念、道德品性、情感模式、思维方式、科技教育、文学艺术、知识体系、社会风尚、宗教哲学等，以及公共文化服务体系和文化产业。而"文化城市"是从城市的功能和特点角度出发，一般指具有深厚文化积淀或鲜明文化特色的城镇，根据新型城镇化建设的要求，以文化为灵魂和精神导向，引领城市规划发展，不断提升城市竞争力、吸引力、生命力的城镇建设战略。城市的真正魅力在于特色和个性，而特色的基础又在于文化。无论是现代化的大都市还是地方的小城镇，有没有魅力，对外界有没有吸引力，关键在于这个小城镇有没有个性化的主题文化。城镇建设只有彰显内蕴优秀的传统文化、地域文化和民族文化，把文化特色融入城市的规划建设、管理经营、精神提炼、产业发展、形象塑造之中，才能不断增

[①]　陈圣来. 文化与城市发展[M]. 上海：上海社会科学院出版社，2019：17.

强凝聚力、吸引力和辐射力,获得长久的生命力。

"文化城市"起源于"欧洲文化之都"的活动,英国伦敦首先提出建设"文化首都"的概念,随后韩国和日本也相继推出文化城市战略。在城市化进程中,面对城市中不断出现的新现象、新矛盾和新问题,传统的思路和方法难以驾驭城市发展中出现的环境和社会问题,人们开始反思城市发展模式,并逐渐认识到了文化因素在城市发展中的重要作用。韩国首尔、日本东京以及新加坡等城市为了应对国际城市竞争的加剧和竞争内容的更新,也实施了文化城市发展战略,取得了良好成效。2010 年上海世博会以"城市让生活更美好"为主题,再次引发了全世界对未来城市发展模式的深思,对建设"文化城市"达成共识,当前,"文化城市"已成为城市建设的最先进理念。

二、文化城市建设的基本内容

我国许多城市文化底蕴深厚,文化遗产璀璨繁多,但是在快速推进的城镇化进程中,无节制地大拆大建、粗制滥造导致人文历史积淀丰富的民居、街区、古建筑被夷为平地,造成了城市历史文化脉络的断裂,致使具有地域特色和文化风情的城市风貌逐渐消失,不仅严重破坏了文化发展的生态平衡,而且浪费了城市发展的最宝贵元素。中央城市工作会议强调,"要保护弘扬中华优秀传统文化,延续城市历史文脉,保护好前人留下的文化遗产。要结合自己的历史传承、区域文化、时代要求,打造自己的城市精神,对外树立形象,对内凝聚人心。"[①]这既指明了文化城市是我国城市化的一大重要发展方向和动力,也科学阐述了文化城市建设的基本内涵。

(一)塑造城市文化形象,增强城市吸引力

塑造城市文化形象,应深入挖掘城市文化内涵,把城市文化的底蕴和现代文化的审美意识有效结合起来,对风景名胜、文化遗迹、古城风貌、历史文化特色街区、古旧建筑、名人故居等,在保持原有风貌的前提下进行抢救性保护与合理化开发利用。要提炼城市标志性的文化元素,打造有深度的城市文化品牌,采用多种形式进行城市宣传,形成别具特色的城市个性和形象气质。

(二)丰富城市文化内容,满足市民文化需求

文化事业建设和文化产业发展是城市文化的重要支撑,是满足市民日益增长的精神文化需求的基本路径。推动文化城市建设,一方面要大力发展城市公益性文化事业,为广大群众提供更多的免费文化传播阵地和休闲娱乐场所,满足市民读书、看报、听广播、休闲健身等基本文化需求,形成覆盖全城、服务优质的公共文化服务体系。[②] 另一方面,要促进城市影

---

① 《中央城市工作会议在北京举行》,新华网,2015 年 12 月 22 日。
② 陈圣来.文化与城市发展[M].上海:上海社会科学院出版社,2019:19.

视、出版、演艺、动漫、会展、娱乐、民族文艺、民间文艺等全面发展，促进城市文化生活不断丰富、发展和提升。

（三）提高市民人文素养，展现城市良好风貌

文化城市建设很大程度上取决于市民的素质和能力，高素质的市民是城市繁荣的基础。要时刻把城市主人翁的责任意识、城市形象的代表意识灌输给广大市民，增强市民提高自身素养的自觉性。要对广大市民的文化消费进行积极引导，让市民走进图书馆，参与广场文化活动，使市民素质在对城市文化的欣赏、消费过程中，达到理解、接受和提升。政府和媒体要对社会上的好人好事、善行义举积极进行宣传表彰，广泛树立社会道德模范，引导形成健康向上的社会风气，带动广大市民自觉养成良好的道德习惯。

第二节　文化城市建设对我国新型城镇化进程的重要现实意义

实施文化城市战略，加强城镇文化的保护传承与文化建设，对于推动我国城镇化实现科学发展，建设社会主义先进文化、推动社会主义文化大发展大繁荣具有重要意义。

一、城镇化对我国城市文化发展产生重要影响

城市化的特征是人口、经济的快速集聚，也是社会文化结构的快速变化，又是各种问题集中产生和暴露的过程。中国城市化取得的成就有目共睹，然而现实也表明，快速城市化也给中国的城市文化发展带来一系列的难题和困境。

（一）对文化遗产破坏导致传统文化的断裂

山东不少地方对本区域文化遗产资源的保护，或者意识淡薄，或者存在认识上的误区，未能真正意识到文化遗产保护的意义。由于受到经济利益的驱动，过度开发利用文化遗产资源的现象尤为普遍。在新城镇开发、新农村社区建设中，一些地方对一些有历史文化价值的古村落、古民居、古街道等未能妥善保护，一些古村、古镇、古街消失，大量历史文化遗产随老村居、老建筑的荡平消失无踪，即使有保护也往往处于点状和片段的状态，缺乏空间与时间上的延续性，传统文化失去了载体和氛围。祭祖、社戏、舞龙、庙会等乡村公共文化活动，由于乡村的公共空间被功能高度分化的商业区、居住区、工业区等代替，几乎完全消逝。传统村落是保留文化多样性的活标本，是繁荣发展基层文化的根基，但传统的民间习俗和民间文化随着传统村落的消失和乡村社会的断裂而无法传承。

（二）新建城镇基层文化有效需求严重不足

城市化的过程产生了大量的"新市民"，这个群体以失地农民和农民工为代表，农村农民

转变为新市民群体需要一个过程。在这个过程中,伴随着生产方式和生活方式的变化,居民的文化需求也会有变化。但是,主观和客观原因制约潜在的文化需求变为文化消费,文化事业发展的有效需求结构不合理。潜在的文化需求变为现实的文化消费需要两个条件,一是购买力,也就是可支配的收入,另一个是消费意愿,也就是舍得或者愿意花钱购买文化产品和服务。从客观条件看,收入的增长受到薄弱的社会保障体系的制约。山东省城镇居民收入近年来增长较快,城镇居民人均可支配收入突破了2万元。但是,由于社会保障体系不完善,居民的收入增长绝大部分被预留给住房、医疗、养老等支出,可支配的收入受到限制。从主观条件看,居民主要倾向于满足物质生活需求,城镇居民文化消费需求呈现低端化,一些新市民也不愿投入时间从事文化色彩浓厚、花费时间较长的传统文化活动,而愿意从事快餐式、纯娱乐的活动,这造成文化消费有效需求不足。

(三)不合理的规划建设挤占了市民的文化生活空间

一些城市对文化建设规划缺乏制度化、科学化和系统化的引导和规范,对城市精神的弘扬和城市品牌的塑造缺乏战略性眼光。在加快推进城市化的进程中,一些城市只重视追求经济利益,忽视提升城市文化内涵。在实际规划中,多数城市的经济指标明确,文化发展指标却相对薄弱;对城镇规模、人口数量、城市基础设施等数据都有明确规定,但是文化建设的指标模糊;对文化标志物、文化资源的保护、利用以及文化产业和社区文化建设涉及较少,甚至不涉及;对科技馆、博物馆、图书馆、休闲公园、文化主题广场、公众娱乐场所及设施等没有明确的安排或安排不合理。万千的高楼、超市、购物中心以及城市广场、停车场,正在疯狂地侵占本属于市民的城市文化空间,严重损害了民众的文化权益。

(四)传统文化解构造成新市民道德真空

传统乡村文化以血统、亲密关系、社区规范为特征,有自身的道德规范和教化模式。城市化使多数地方原有的宗族和乡土道德体系消失,城市文化和西方文化给传统文化带来巨大冲击,原有的以传统文化为载体的道德体系被打破,新的道德体系还未形成,新城镇出现了道德真空地带,一些新市镇和新城区居民出现了一些败德行为,文化消费有庸俗化倾向,急需通过文化建设来填补市民精神需求空白,提高市民科学文化素质。

二、文化城市战略代表着我国新型城镇化的重要方向

(一)建设文化城市是建设社会主义先进文化的重要环节

建设文化城市要求把传统民族文化的保护传承放在首位。联合国教科文组织认为:"在生活条件迅速变化的社会中,能保持自然和祖辈留下来的历史遗迹密切接触,才是适合于人类生活的环境,对这种环境的保护,是人类生活均衡发展不可缺少的因素,因此,在各个地区的社会中,充分发挥文化及自然遗产的积极作用,同时把具有历史价值和自然景观的现代东

西都包括在统一的综合政策之中，才是最合适的。"①可见，在建设文化城市的过程中，加强城市历史文化的保护，满足城市群众的精神文化需求，具有重要的历史和现实价值，对建设社会主义先进文化、促进文化繁荣发展有着重要意义。

（二）建设文化城市是提升我国城市竞争力和影响力的重要途径

城市的吸引力根植于城市的个性化的文化特色之中，对于一座城市而言，历史文化就是自己的品牌和个性，就是财富，它可以表现独特的城市民俗风情、传统的文化痕迹、富有创造性的个性特征。在我国当前的城镇建设中，普遍认为城镇化就是盖洋房、建工厂，结果是走遍一乡又一乡，乡乡都是一个样，处处都是水泥房，建设结构、布局、建筑雷同，使得城镇建设失去了特色和个性。只有在城镇化过程中，重视文化传承和建设，才能保持城镇的传统和地域特色，树立自己的独特文化形象，不断增强城市的凝聚力、吸引力和辐射力。

（三）建设文化城市是满足我国城镇居民精神文化需求的重要手段

随着城镇化进程的加快，广大农民纷纷进城，"新市民"在精神文化生活方面的需求更加强烈，并呈现出多元化、多样性、复合性的特点。如随着耕地向规模经营集中，高科技要求强化，农民对农业科普知识的需求不断提高；农村住宅向现代住宅社区集中，蕴含着新的社区文化、家庭文化；大量农村人口进入小城镇，他们对新文化的需求会日益剧增，城镇的文化科技和文化娱乐场所、基本的文化设施和文化活动必须迎头赶上，文化建设的任务十分繁重；相当一部分农民在实现非农的角色转型中，将会在各具地方特色的民族民间文化产业上一展身手，民间文化产业大军逐渐形成。因而，加强城镇文化事业和文化产业建设，可以繁荣和丰富群众文化生活，满足城镇居民的多样化、多层次的精神文化需求。

（四）建设文化城市是社会和谐稳定的重要保障

联合国教科文组织曾强调，文化遗产"在任何情况下都是人们日常生活的一部分，它反映了历史的客观存在。为适应多样性的社会生活必须有相应的多样性生活背景，据此，提高历史性地区的价值，将对人们的新生活产生重要意义"②。随着城镇化进程的进一步加快，城镇居民进一步增加，这将使小城镇居民在文化素质和文化需求方面产生较大差异。加速城镇文化建设，满足居民不同层次的生活需要，可以填补城镇居民的精神空虚和道德空白，增强居民对居住家园的认同感，从而达到保障社会安定、人民安居的目的，实现经济社会的稳定有序发展。

---

① 联合国教科文组织：《关于在国家一级保护文化和自然遗产的建议》（1972 年 11 月 16 日），联合国教科文组织官网。

② 联合国教科文组织：《关于历史地区保护及其当代作用的建议》（1976 年 11 月 26 日），联合国教科文组织官网。

第三节　文化让山东城市更美好

山东有着深厚的历史积淀和丰富的文化资源,博大精深的齐鲁文化孕育出灿烂的古代城市文明。中国最早的城郭城子崖、齐国都城临淄、礼乐之城鲁国故都,都是古代城市文明的典范。伴随着城市化的飞快推进,山东逐步形成了以齐鲁人文特色文化城市、滨海文化城市、现代生态文化城市等为主要内容,具有强烈地缘性特点的山东文化城市格局。

围绕打造省会城市群经济圈和西部经济隆起带,以省会济南为中心,包括泰安、济宁、淄博、临沂、聊城、枣庄、蒲泽等城市,传承"一山一水一圣人"的齐鲁名牌文化,聚集求实多元的齐文化、重礼尚仁的鲁文化,涵盖泰山文化、黄河文化、运河文化、红色文化等文化优势资源,逐步形成了带有浓郁地域文化特征的传统人文特色文化城市圈。

沿海城市由于具备特殊的地域辐射功能,更有利于推动城市文化的融合与传播,引领城市文化的发展潮流,在弘扬传统文化、汲取外来文化精华等方面,有着得天独厚的优势条件。顺应经济文化化、文化经济化的世界发展潮流,山东半岛蓝色经济区脱颖而出。以青岛为龙头,包括潍坊、烟台、威海、日照等城市,突出兼容并蓄、开放创新、博采众长的滨海城市文化特色,侧重发展文化产业尤其是城市文化创意产业,涌现众多获得"联合国人居奖""中国人居环境奖"的城市,逐步形成山东海洋文化城市带。

生态城市是社会和谐、经济高效、生态良性循环的人类居住形式。在黄河三角洲高效生态经济区建设中,东营和滨州的城市建设显现出鲜明的生态文化特色。滨州围绕"四环五海、生态滨州""粮丰林茂、北国江南"的发展目标,精心打造广场化、公园化、休闲化的生态宜居城区,进一步提升城市文化品位,彰显了人、城、自然和谐共处的独特城市风貌。东营市发挥"共和国最年轻的土地"的优势,在城市建设中,积极汲取国内外众多城市引入湿地改善人居环境的成功范例,在改善城市生态环境、建设宜居生态城市、营造城市特色风貌方面取得了明显成效,初步形成了"河海之间、绿脉相连、九廊贯城、八湖镶嵌"的特色风貌。

山东在城市规划建设中对文化要素的重视,集中体现在上海世博会山东馆的展示上。上海世博会的主题是"城市让生活更美好",而山东馆展示的核心理念是"文化让城市更美好"。

一、展示目标

2010年上海世博会让世界把目光聚焦"城市",力图在"城市化"和"反城市化"思潮中,探求城市的可持续发展道路。为紧扣世博会的主题,山东参展主题演绎主要围绕着这样几个核心问题展开:文化在城市发展中扮演什么样的角色?什么样的城市使生活更美好?如何尊重城市的生命规律,通过科学发展建设美好家园?

山东馆在上海世博会主题背景下,通过展示和推介齐鲁文化的优秀传统、城市发展的最新成果以及对未来发展的思考,达到了三个目标:一是保护城市文化遗存,唤起社会对优秀传统文化的重视,促进城市文脉的传承;二是创新城市生活方式,突出人本、人文、人道关怀,促进城市发展与人的全面发展的良性互动;三是探索城市理想模式,促进城市可持续发展和城乡一体化,创建人与自然、社会和谐共处的美好家园。

二、展示标题

上海世博会山东展馆展示标题《齐鲁青未了》取自唐代大诗人杜甫登泰山所作《望岳》诗:"岱宗夫如何,齐鲁青未了……"

山东馆以此为展示标题,含义如下:

(1)该诗意境深远,"齐鲁青未了"既有山清水秀、绿意葱茏的景象,亦有生生不息、蓬勃向上的寓意。

(2)位于山东中部的泰山,又称岱宗、岱岳、东岳,为中国的"五岳之首"。泰山是中华民族的精神象征,是灿烂东方文化的缩影,是"天人合一"思想的寄托之地,自古便被视作社稷稳定、政权巩固、国家昌盛、民族团结的象征。1987年泰山被联合国教科文组织列入世界自然文化遗产名录。

(3)山东古称"齐鲁",依山(泰山)、临海(渤海、黄海),海岱文明久远深厚,齐鲁文化源远流长。从地理角度看,"海"为古齐国,"岱"为古鲁国;从人文角度讲,齐有海之包容开放,鲁有岱之厚重守成。齐鲁文化本身就体现了和谐发展观,"齐"的经世致用开辟了经济和谐发展之路,"鲁"的中和达道树立了政治和谐包容之风,政治与经济在同一的文化背景下和谐济世,使山东城市的发展具有强大的内生力,"青未了"正是暗含着这种内生力的深长意蕴。

(4)齐鲁文化作为中华文明的发祥地之一,从源头延续至今,从未间断。齐鲁文化既珍视传统,又注重在传承中创新,"青未了"意味着齐鲁文明之树长青,城市经济、科技、艺术生命永续。

三、展示理念

山东馆以"齐鲁青未了"为展示标题,深刻诠释了齐鲁文化优秀价值体系传承不断、多元共融、和谐发展的文化观,以及以人为本、全面协调可持续的城市发展观,形象表达了"以和谐文化建设美好家园"的主题理念,即以"文化"为主体内容,以"和谐"为核心理念,以"家园"为城市发展的理想模式[1]。

---

[1] 臧丽娜.文化创意产业品牌传播案例研究 以山东为例[M].济南:山东教育出版社,2016:22.

(一)"文化"是山东最独特的资源

山东是孔孟之乡、礼仪之邦。博大精深的齐鲁文化,兼容了多元文化的精髓,成为中国传统文化的源头和基干。发端于孔子思想的儒家文化,在中华传统文化核心价值体系中占有崇高地位,孔子所倡导的"仁、义、礼、智、信"等思想观点和优秀价值观,穿越千年时空,至今还在引导、规范着人们的思想和行为。孔子的思想作为人类共同的财富,泽被中华,惠及世界。

如今遍布全球的 200 多所孔子学院,作为中华民族的文化符号,把孔子的思想播撒到世界各地。1988 年,在第一届议题为"面向 21 世纪"的诺贝尔奖获得者国际大会上,76 位诺贝尔获奖者在巴黎发表宣言:"人类要在 21 世纪生存下去,必须回到 2500 年前,从孔子那里寻找智慧"。

(二)"和谐"是主题展示的核心理念

"和"是不同事物之间的搭配、融合、平衡达到最为圆满程度的一种状态,"和"的贯通作用使纷繁的世界得以有序存在,使万事万物并生而不乱。"和"的思想是古今中外的哲学根基,也是儒学人文精神的核心。孔子的"礼之用,和为贵"的思想,表明"礼"的最高境界和最高目标,就是创造人与自然、人与人、人与社会之间的和谐。孔子及其弟子融会了中国上古时期进步的人文精神,把"和"的思想作为价值观,从哲学领域运用于社会实践:在人与人的关系上,倡导和谐相处的人际观——"四海之内皆兄弟";在人与社会的关系上,倡导德治和法治相统一的社会观——"以德治国,宽猛相济";在人与自然的关系上,倡导"天人合一"的自然观——"赞天地之化育,与天地参";在人类社会的发展前景上,倡导"大同世界"的未来观——"大道之行,天下为公"。"和"的思想价值的回归与超越,为当今社会解决城市发展中的问题,提供了独特而有益的智慧与启迪。坚持科学发展观、构建和谐社会为"和"的理念注入了强大活力,并在实践中展现出蓬勃生机。

(三)"家园"是城市发展的理想模式

城市是社会文明的高级阶段,城市发展的最终目的是让人们的生活更美好,让栖居的家园更美好。家园的基础是"家"。儒家"修身齐家治国平天下",表达了理想的家国观。

家园是修德之所。齐鲁文化讲"明德""正心",强调完善自我修养,诚信守义。"修身齐家",家睦而国兴,民安而国泰。

家园是爱的源泉。齐鲁文化讲"聚爱",弗洛伊德说"爱是一种凝聚力"。家园以爱凝聚人心、凝聚社会,使合作与沟通的过程成为爱的过程,这个过程充满了人文关怀和公共关怀。

家园是心灵的归属。"和"的理念渗入在社会的每一个角落,生活在家园中的人们安定富足,个人价值和活力才能得到充分尊重和激发,生活才能充盈着创造力和想象力。

家园是城市价值的回归与跃升。从农耕时代到工业文明再到现代化的今天,城市经历了与乡土的亲密、疏离到回归的历程,这个历程也是城市发展由蒙昧到觉醒的历程,它使美好家园成为城市发展的共同追求。

四、山东馆展示主题与世博会主题的关系

山东的展示主题紧扣世博会主题"城市，让生活更美好"，着力演绎特定文化催生下城市发展的新理念和城市发展中对优秀传统文化的创新性继承；它呼应了中国国家馆整体策划方案，在深度理解和自身演绎中，把齐鲁文化的丰厚底蕴进行挖掘提炼，突出孔子"和"的智慧在历史发展中的贡献、"和"的价值在现代社会的回归与超越，以及"齐"文化的包容开放和"鲁"文化的崇文厚德造就的山东城市性格；它从山东实际出发，解析山东人民在城市建设中的不断实践和不懈追求，提出了"家园"这一理想模式，表达了对城市未来发展的深度思考。

五、展示内容

齐鲁文化蕴涵着民本、仁德、兼爱、和合、智勇、诚信、进取等思想之精华，山东城市在这种深具时代意义和旺盛生命力的文化滋养下，涌动着内生活力，呈现着多姿多彩的风貌。为充分表现出这些内容，整个展示以和谐发展理念为主线，从时间上展示山东的城市如何运用"和"的智慧创造历史、创新现实、创意未来；在空间上表现"和"的理念在人与自然、人与人、人与社会的互动中，如何引领城市追求幸福指数的提高，让城市生活更加美好。内容框架按照"城市记忆、城市成长、城市梦景"进行构建，设计若干板块，着重展示山东城市的形象、品质和精神。

（一）城市记忆

城市是民族记忆的载体。城市的记忆靠建筑凝固，靠遗存保留，靠人脉传承。通过城市记忆，展示城市文明发展的历程，展现山东先祖图存求强，创造古代文明的精神。

人文之源。早在四五十万年前的旧石器时代，与"北京猿人"同期的"沂源猿人"创造了中华远古文明。进入新石器时代，在距今6000年到4000年间，东夷族属逐渐形成了自成体系的文化发展序列：北辛文化—大汶口文化—龙山文化—岳石文化，创造了中国最早的文字，发明了弓箭、乐器、金属冶炼和制作技术，为中华大地播下了文明的种子。

古城之兴。济南"城子崖遗址"距今4000多年，出土了大量的新石器时代中晚期石器、骨器、蚌器和陶器。特别是黑陶，质地坚硬，薄如蛋壳，造型精美。据考古专家考证，当时的城子崖有20多万平方米，是迄今发现的中国最早的城郭。

在2000多年前的春秋战国时期，齐国都城临淄是当时最繁华的城市，号称"冠带衣履天下"，鼎盛时约有十万户人家，城内完善的供水、排水系统，至今仍有可资借鉴之处。

鲁国故城是西周时期设计、建造最精湛的古城，属于典型的礼制建筑，历经三千余年的风雨，外郭城垣至今在地面上犹有残存，后人从其遗迹中仍能领略到宏伟的规模和气势。

圣贤之智。山东以齐鲁文化著称，齐文化和鲁文化一简一繁，相得益彰，交相辉映。圣

哲为之创造了思想智慧的宝库,巨匠为之搭建了文学艺术的殿堂,大师为之树立了人文精神的丰碑。文圣孔子、武圣孙子、科圣墨子,三圣彪炳中华史册;还有亚圣孟子、木匠祖师鲁班、神医扁鹊、农圣贾思勰、书圣王羲之、词宗辛弃疾、李清照等,以及游历和为官山东的苏东坡、郑板桥等,都在中华文明史上写下了光辉的篇章。

(二)城市成长

城市的成长过程,是推进文化多元融合、经济可持续发展、科技创新和城乡一体化,使城市走向和谐的过程。山东人在建设城市家园的过程中,创造了辉煌的业绩,展现了时代的风貌。

1.半岛之美

山东的地理环境得天独厚,在这块面积 15.67 万平方千米、状似雄鹰的版图上,城市呈整体组合布局,与全省经济"一体两翼"发展战略相协调。全省拥有 17 个国家园林城市、7 个国家历史文化名城、9 个国家级节水城市、6 个中国水环境治理范例城市。威海、烟台获联合国人居奖,青岛、日照获中国人居环境奖。城市景观特色鲜明,形成了山东"和而不同"的城市风貌,朴素而不失美感,传统而不失现代,厚重而不失优雅。

2.发展之路

山东城市沿着科学发展轨道,坚持全面协调可持续发展,不断完善城市功能,提升城市品质,塑造城市人文精神。区域发展战略和城市规划的实施,提升了全省城镇化水平;产业结构的优化,使现代农业和服务业与工业制造业的发展呈鼎足之势;城市基础设施的完善,使人民生活日益便捷。山东人秉承仁爱、诚信、勤劳的祖训,踏实勤奋地建设着自己的城市,许振超、孟祥斌等英模锐意创新、无私奉献的精神感动中国。

3.文化之韵

文化是城市的灵魂和血脉,决定着城市的风格和风情,是构成城市吸引力和归属感的重要因素。山东城市的文化建设注重古今互动,以文化创新推动传统文化的保护和继承,以优秀传统文化促进现代文化的发展。地域文化、外来文化和谐并存,民间文化、民间工艺得到保护和传承,文化产业方兴未艾,现代文化设施遍布城乡,传统文化滋养出的仁厚民风在齐鲁大地不断发扬光大。

4.创新之果

创新是城市发展的原动力,创新能力决定城市竞争力。城市的形象力、亲和力、包容力体现着人的创新成果,城市的功能设计、运作规律、生活理念、管理行为、产业结构、资源循环的创新,昭示着社会的文明、进步和发展。山东人自古以来能闯、敢创,在信息技术、生物制药、新型材料、新能源、环境保护等关键领域积极探索,取得了一批重大科技成果,为城市的可持续发展提供了强大动力。

5.民生之本

健康、安全、富足、快乐的指数决定城市生活品质。山东通过加快城市产业转型、扩大劳动就业、完善社会保障体系、实施安居工程、推进教育医疗改革,使城乡居民学有所教、劳有所得、病有所医、老有所养、住有所居。在花园小区、文化社区、新农村社区、国际安全社区等方面的有益探索,为城市社区重塑提供了宝贵经验。

6.城乡之和

城乡统筹是科学发展的客观要求,促进资源共享、经济互动、产业融合、人力互助,是统筹城乡发展的途径和手段。城乡互动是双向的,城市基础设施和公共服务向乡村延伸,资金、技术、人才向乡村流动,促进了农村经济发展水平和文明程度的提高;乡村为城市生活提供了基本的物质保障,也为城市的发展提供了更为广阔的空间。寿光、荣成等地在新农村建设中的实践推进了城乡一体化进程。

(三)城市梦景

城市凝结着人类的梦想,承载着人类的追求。孔子等圣贤先哲围绕着"和"的理念,为未来描绘了一幅"大同世界"的美景,即大生态概念的美好家园。全面建设小康社会,实现资源节约和环境友好,为构建美好家园规划了新的蓝图和愿景。山东人发挥自己的想象力和创造力,面向太空和海洋,追寻未来城市发展的"蓝色梦想"。

生态化城市是一个复合生态系统,它的实现过程是城市社会—经济—自然整体协调发展、稳定有序演进的过程。生态城市不是一个仅用绿色点缀的僵死的人居环境,而是关心人、陶冶人的和谐家园。

宜人之居——环境生态化家园。对山水深怀敬意,合理利用一切自然资源,保护生命保障系统,开发建设活动限制在环境承载能力之内。这个家园生态平衡、环境优美、适合居住,为人类和其他生物提供共生共荣的生存空间。

富足之地——经济生态化家园。创新发展模式和消费方式,注重资源再生和综合利用。整个家园城乡共同进步、共享发展成果,居民享有平等权利,生活富足美满。

和谐之境——社会生态化家园。人们有自觉的生态意识和环境价值观,生活质量、人口素质、健康水平与社会进步、经济发展相适应,拥有强有力的互帮互助群体,有一个满足人类自身进化需求的和谐环境。这个家园公平正义、法制健全,社会秩序井然,民风仁德淳厚,"老者安之,朋友信之,少者怀之"。

城市是美好家园,人们的生活才能更加美好。人们在这样的"田园都市"里诗意地栖居,心有所属,爱有所依,就像《伊斯坦布尔宣言》所描述的那样:在我们的城市里,人类必须过上有尊严的、健康、安全、幸福和充满希望的美满生活。

六、展示举例

为了更好地体现"以和谐文化建设美好家园"的理念,拟采取艺术手法与高科技演绎相结合的办法,突出故事性、互动性、趣味性,让来自世界各地的参观者,在世博会欢聚一堂的日子里,携手畅游齐鲁大地,聆听圣哲教诲,体味山水情怀。

场景举例:展示场景突显山东坐拥双海(渤海、黄海)、黄河入海等大自然的辽阔与激情,突显泰山崛起、孔子诞生等人文精神的象征意义……全景展示齐鲁大地的物华天宝、人杰地灵。

展品举例:重点发掘能够表现主题理念并具有山东特色的展示资源,如龙山黑陶及陶琉系列、鲁绣等民间工艺品系列等。

展项举例:围绕展示内容,拟设计制作的展项如古代文明遗存、城市规划模型、民居民俗风情、未来家园设想等。

山东馆将通过精心设计,做到动静相宜、虚实结合,尽可能与观众进行互动,让参观者入眼、入耳、入心,力争以多姿多彩的展示内容和富有表现力的展示手段,邀观众一起参与解读"儒泽齐鲁、和达天下"的文化张力,畅想未来城市和谐发展的美好愿景。

第四节　建设曲阜文化传承发展示范区

曲阜以及周边区域自古文脉兴盛,先贤圣哲辈出,是中华文化的重要发祥地和儒家文化发源地。近年来,山东省在文化建设方面实施"突破曲阜"战略,在财政、税收、金融、土地、人才等方面进行大力扶持,着力打造曲阜优秀传统文化传承发展示范区。曲阜国家级文化产业园区建设快速推进,鲁国故城考古遗址公园列入第一批国家考古遗址公园,"曲阜片区"大遗址保护被纳入国家大遗址保护"六片四线一圈"新格局。雄厚的文化资源和特殊的文化发展政策优势,以及文化遗产保护工作的不断加强,为以文化城市为理念建设曲阜优秀传统文化传承发展示范区创造了有利的前提条件。

一、建设曲阜文化传承发展示范区的内涵与原则

曲阜文化经济特区是指以曲阜及周边文化资源富集地区,特别是儒家文化资源富集地区为依托,通过创新体制机制,实行特殊优惠政策,把文化建设、文化保护、文化创意作为经济社会发展的重要产业要素、发展途径和推动力,统筹文化保护传承与事业产业发展,以文化引领、融合、催生经济转型发展,以中华民族共有精神家园、文化遗产保护区、儒家文明传承创新区和文化经济融合发展示范区为建设目标的特别地区。曲阜文化经济特区涵盖孔子故里曲阜市和孟子故里邹城市两个县级行政区划范围,总面积 2512 平方千米,总人口 179万。在规划建设过程中要坚持以下几项原则。

(一)坚持保护与利用并重的原则

遵循文化与经济发展的基本规律,在加强文化遗产和生态环境保护的基础上,注重低碳环保和资源、能源集约利用,形成资源节约型和环境友好型的产业结构、发展方式和消费模

式,着力在促进文化经济融合发展、推动可持续发展上实现新突破。

(二)坚持继承与创新兼顾的原则

充分保护挖掘传统文化资源,继承优秀历史文化遗产,加大改革创新力度,紧跟时代发展步伐,不断创新文化产品,激发文化发展活力。

(三)坚持事业与产业发展同步的原则

正确处理文化事业与文化产业同步发展的关系,既要通过文化产业发展促进文化经济大发展大繁荣,又要确保文化发展成果为民所用所享,满足人民群众日益增长的文化需求,努力构建完善的公共文化服务体系。

(四)坚持统筹布局与一体化发展的原则

把曲阜及周边文化资源富集地区作为一个整体,坚持产业布局规划建设一体化,与全省主体功能区规划相衔接,整合资源优势,提升儒家文化品牌,促进文化大发展大繁荣。

二、建设曲阜文化传承发展示范区的基础条件

以儒家文化为代表的优秀传统文化,是中华民族伟大精神诞生和弘扬的重要根基,是时代精神孕育和成长的重要母体。曲阜、邹城是国家级历史文化名城和世界著名文化圣城,拥有丰厚独特的文化资源,以此周边区域为核心重点建设文化经济特区,具有坚实的经济社会文化发展基础保障。

(一)文化资源优势

曲阜以及周边区域文脉兴盛,由孔子创立、孟子等后世儒家发扬光大的儒家思想和儒家文化,是中华传统文化精神的基础和主干,塑造了中华民族的基本文化性格,成为东方文化的主要标志和世界文化宝库中的珍贵遗产。曲阜、邹城的历史悠久,源远流长,伏羲氏、女娲氏、炎帝、黄帝、少昊帝东夷文化一脉相承,为少昊之墟、商殷故国、周汉鲁都,孔子、孟子、颜子、曾子、子思五大圣人的故乡。它还拥有孔庙、孔府、孔林,孟府、孟庙、孟林、孟母林等古建筑群,以及颜庙、鲁国故城遗址、汉鲁王墓群、尼山孔庙和书院,铁山、岗山、葛山、尖山"四山"摩崖石刻,历史文化名山峰山等。全球已建立孔子学院 400 多所,分布在 120 多个国家和地区,成为传播中国文化和推广汉语教学的全球著名文化品牌和交流平台。

(二)文化产业优势

曲阜、邹城以孔孟文化为依托,曲阜市重在体现儒家文化特色,初步规划了"一轴、一线、双城、四山"的文化产业发展布局;邹城凸显孟子文化和邹鲁文化特色,规划设计了"一轴、两带、七大片区"的发展布局。曲阜、邹城地区形成了文化旅游、孔府美食、节庆会展等旅游服务产业,以孔子研究院、儒源儒家体验基地为依托的教育培训产业,以万豪儒家文化动漫体验园为代表的动漫创意产业,以祭孔大典、鲁国古乐、舞剧《孔子》为代表的演艺产业,以墨迹

拓片、档案史料、古典书籍为主导的文物复仿产业,以尼山、九仙山、石门山、岗山、铁山、峰山为载体的休闲体验产业等。世界孔子教育奖、孔子文化奖、尼山世界文明论坛、孟子故里(邹城)中华母亲文化节的文化影响日渐扩大。曲阜与邹城地区已成为海内外华人广泛认可的最具影响力、凝聚力和感召力的精神家园。

(三)交通区位优势

曲阜、邹城周边区域地处鲁西南地区,京沪高铁横穿境内,104国道、京台高速公路纵贯南北,327国道、日兰高速公路、京沪铁路、兖石铁路穿境而过,向西与陇海线相连,直达中国西部、中亚、西亚与欧洲。邹城境内白马河与京杭大运河相连,水上运输可直达苏、沪、浙一带,具备良好的交通区位优势,是山东与华北、华东和中西部地区连接的重要门户,全国交通、通信的重要枢纽,在文化资源集聚、生产要素流通等方面条件优越。

(四)科技人才优势

历史人文教育资源丰富,拥有曲阜师范大学、济宁学院、杏坛学院和远东职业技术学院等十几所大中专院校,每年向社会输送人才超过万人,圣源尼山书院、乡村儒学工程影响力不断扩大。曲阜市是全国科技工作先进市、省级知识产权示范市,综合科技实力较强。

(五)政策扶持优势

曲阜文化经济融合发展获得国家有关部委、省政府的政策支持。国家文化部与山东省签署《推进山东文化强省建设框架协议》,文化部及国家文物局给予重点支持,共同探索创建曲阜文化传承发展示范区。山东省在文化建设方面实施"突破曲阜"战略,出台文化经济特殊政策,加强对文化改革发展的支持。济宁市每年拨出专款3000万元,在财政、税收、金融、土地、人才等方面进行大力扶持。曲阜周边区域地处山东西部经济隆起带规划建设空间范围,具有区域战略叠加、优惠政策融合的优势条件。

(六)建设曲阜文化传承发展示范区的制约因素

一是体制机制束缚严重。曲阜、邹城拥有世界级的文化遗产,但是行政级别较低,很多文化经济建设工作受到不同程度的局限,限制了文化经济融合发展的探索力度。

二是文化资源挖掘深度不够。丰富深厚的文化资源潜力尚未转化为具有竞争力的产业实力,特别是各类非物质文化遗产的挖掘、整理、开发,还没有形成有效长效机制。

三是文化创意产业的总体规模小、层次较低、集聚性差、地区不平衡,竞争实力不强,缺少具有较大影响的大型龙头骨干文化企业集团。

四是支撑产业发展的大型项目少,带动能力不强。除尼山圣境、鲁国故城遗址公园等少数大项目正在建设之外,在一些产业领域还缺少带动力强劲的龙头产业项目。

五是文化与经济融合处于起步阶段。文化与农业、工业、金融、信息等行业领域的融合还停留在探索阶段,文化的引领带动作用尚未完全发挥。

三、建设曲阜文化传承发展示范区的目标任务

(一)曲阜优秀传统文化传承发展示范区建设的基本定位

根据曲阜的文化地位、文化价值,曲阜优秀传统文化传承发展示范区建设要站在中华优秀传统文化传承和中华文化走向世界的高度来思考和谋划;在功能定位上要突出文化对精神的塑造和文化对经济的引领两方面功能,既要主题鲜明、高度凝练概括,又要凸显曲阜及周边地区的文化特色。主要从以下两个层面来定位:

精神层面定位为"中华民族共有精神家园"和"儒家文明传承创新区"。曲阜及周边地区是中华文明的重要发祥地、儒家文化的诞生地,是中华民族血脉、文脉、命脉和心灵的归宿地,在全国具有鲜明的地区代表性。曲阜优秀传统文化传承发展示范区规划建设要充分体现儒家传统文化的深刻内涵,打造践行社会主义核心价值观、培育民族精神、全球华人向往的东方文化圣城与精神家园,形成弘扬中华民族优秀传统文化、独具儒家文明特色的文化传承创新区,是中华文化走向世界的重要交流窗口。

经济层面定位为"文化经济融合发展示范区"和"国际旅游目的地"。文化经济一体化是当今世界发展的显著特征,文化与经济相融合形成的竞争力成为一个国家和地区最根本、最持久的竞争优势。曲阜优秀传统文化传承发展示范区规划建设要积极探索在传统文化资源富集地区统筹文化遗产保护特区建设、文化产业园区建设、文化生态示范区建设,以及特色文化城市建设,促进文化与第一、第二、第三产业的融合发展,打造文化经济融合发展创新示范区。

(二)曲阜优秀传统文化传承发展示范区建设的重点领域

(1)以践行社会主义核心价值观为主要内容,全面推动中华民族共有精神家园建设。把优秀传统文化资源的传承与弘扬以爱国主义为核心的民族精神相结合,打造独具儒家特色的文化圣地和中华民族共有精神家园。

(2)以文化产业为龙头,全面带动区域经济转型发展。进一步转变经济发展方式,积极推动文化与现代农业、制造业、旅游、金融、体育、建筑等产业间的融合,以及文化与科技、资本、信息等要素间的融合。大力调整产业结构,优先扶持发展文化旅游、教育培训、休闲体验、节庆会展、动漫创意等新兴文化产业。提高集约化、专业化发展水平,走大项目带动、大集团带动、品牌带动与产业集群发展相结合的道路。

(3)以文化生态体系为核心,全面促进生态文明建设。贯彻实施曲阜片区文化遗产保护总体规划,扎实推进中华文化标志城规划建设,加强历史文化遗产传承保护,促进文化遗产保护与人们生产生活和谐共处,与自然环境、经济社会发展相依相存,创建国家级文化生态保护区。

(4)以地域和传统文化为特色,加快推进新型城镇化进程。落实可持续发展理念,以文

化为灵魂推动新型城镇化进程,使城镇规划建设具有鲜明的儒家文化特征。把文化遗产保护空间、社会生产空间、居民生活空间、游客体验空间、城市经营空间融为一体,使城镇发展具有独特魅力和持久的生命力。

四、曲阜文化传承发展示范区的建设布局

曲阜文化经济特区的空间结构是涵盖"邹鲁地区""汶泗流域"历史地理概念和区域性古老文明概念的复合空间,应加快推动曲阜、邹城两大历史文化名城的融合发展,在空间布局上形成"一带、六区、三线、八大板块"的空间发展格局。

(一)一带

孔孟文化经济发展带,北起泗河,穿曲阜,沿孔孟大道,经九龙山、凫村、岗山、铁山、孟府孟庙、邹县古城,南接峄山那国故城,打造形成儒家特色文化经济带。

(二)六区

1. 曲阜名城片区

把曲阜城区整体规划为国家文化产业示范园区,打造孔子文化、始祖文化的旅游、体验、修学、教育、书画、书业、会展、演艺、动漫、文物复制、古玩交易、传统工艺、餐饮等产业集聚区。

2. 邹城名城片区

以邹城城区传统文化资源为基础,突出孟子、孟母、邹鲁文化特色,打造孟子文化系列品牌,融入儒家文化圈联动发展。实施"三孟"、郑国故城、孟氏寻根中心、邹西文化产业示范园,建设非物质文化遗产展示园区,开展阴阳板、平派鼓吹乐、柳子戏、孟母教子传说展演体验项目,打造形成邹城文化经济发展功能区。

3. 尼山朝圣片区

以孔子出生地的朝圣文化资源为基础,建设尼山圣境等孔子文化主题工程,打造形成孔子文化朝圣功能区[①]。

4. 九龙山凫村片区

以中华文化标志城的主建区九龙山区为核心,北至日东高速公路,南至邹城北外环路,东至京福高速公路,西至曲阜、邹城西外环连接线,精心设计文化经济类型,打造多元、多层次、集群化的文化经济高地。把孔孟大道规划为以高技术、高创意、高创新文化企业、产业为起点的文化经济发展集聚区,打造形成中华传统文化集中展示体验区、全国文化与科技高度融合的文化经济发展集聚区。

---

① 孔祥林. 山东文化旅游融合发展丛书 鲁文化 曲阜[M].济南:山东友谊出版社,2012:43.

5.石门山九仙山片区

以石门山、九仙山为核心区域，重点推进文化体育休闲度假区建设，开发建设鲁南民俗村、风情街项目，开发孔尚任《桃花扇》文化，发展休闲观光旅游产业。

6.峄山郑国故城片区

以峄山、郑国故城、野店遗址及周边地带为核心区域，考证并恢复建设孟子、孟母生活遗迹，建设野店遗址展示区，打造形成自然遗产与文化遗产相得益彰，以"儒家文化第一山"为品牌的山岳文化休闲集聚区。

（三）三线

1.洙泗河域生态文化长廊

泗河及其支流洙水河是孕育寿丘少昊陵始祖文化区和曲阜古城儒家文化发源地的生命之河，历史文化遗产集聚，文化底蕴丰厚。加快编制泗河曲阜段全流域综合保护开发规划，实施泗河、洙水河生态河道保护治理工程，改善沿河生态环境，提升防洪抗灾能力。整合两岸文化遗产资源，保护文化遗产及其周边环境。规划建设曲阜泗河、洙水河生态新城，北拓城市范围，建设一批重要节点项目，把泗河、洙水河打造成生态河、景观河、文化河、旅游河、城中河，整体提升曲阜城市的生态文化形象。

2.九龙山—尼山生态文化长廊

以九龙山至尼山连绵的山脉为主体，东西两端连接孔子、孟子诞生地，打造自然与文化交融的生态文化景观带。保护自然地形地貌和山水格局，加强山体保护，绿化恢复植被，改善山体生态环境，增强对城市的生态调节功能和生态纽带功能。保护众多文化遗产、历史村庄和古树名木，以及由沂河、寥河、白马河及尼山水库形成的河湖水系，营造文化遗产保护所需要的良好生态环境。

3.峄山—孟子湖生态文化长廊

南起峄山风景区，北至孟子湖风景区，打造邹城城区东部的绿色屏障。全面保护峄山山系生态环境，突出峄山文化和自然资源优势，实施峄山风景区整体开发工程。保护峄山湖、孟子湖及其形成的水系，重点涵养水源，保护水质生态，建设大型省级湿地公园。保护古树名木和风景区树木，营造自然生态风貌区。保护郑国故城、野店遗址，建设大型考古遗址公园。

（四）八板块

鲁国故城儒家文化传承创新区、寿丘少昊陵始祖文化寻根区、曲阜国家文化产业示范园区、曲阜高铁文化商贸区、邹县古城儒家文化传承创新区、邹东生态农业乡村旅游区、孟子湖文化创意产业区、凫山羲皇庙遗址保护游览区。

五、建设曲阜优秀传统文化传承发展示范区的主要举措

（一）搭建有力的文化经济发展载体

充分发挥曲阜的资源、区位、特色产业优势，规划建设辐射力强、产业集聚度高的特色园区，引导项目向园区集中、企业向基地集聚，促进文化产业集约发展。

提升曲阜国家级文化产业示范园的引领带动力。打造集行政商务、教育培训、体育会展、旅游休闲、娱乐购物、餐饮住宿、文化创意、城市广场等融为一体的多功能城市文化综合体。积极推进以明故城为中心的儒家文化体验园、以孔子诞生地为中心的尼山圣境省级旅游度假区、以寿丘少昊陵为中心的始祖文化园、以石门山国家级森林公园为载体的现代休闲度假区、以九仙山风景区为载体的农业观光园、以《黄帝内经》为主要内容的中医文化养生园、以高铁新城为依托的现代服务业产业园、以孔子商贸城为载体的古玩字画民俗文化产业园、以孔子文化会展中心为平台的文化创意创业园等支撑产业园区的快速发展。

培育打造各类特色鲜明的文化产业园区。围绕孟子"仁义礼智"为基础的四德教育，在邹城生态科技新城建设素质教育拓展培训基地、学前教育中心、民间艺术坊以及企业展览馆、产业博览馆、培训中心、企业会所、企业文化公园特色项目，打造高端文化创意产业园区。充分利用邹西大工业板块，积极发展文化产品、文化设备制造业和出版印刷业等文化行业及衍生产业，建设文化产品制造产业园区。以明鲁王墓群周边独具特色的自然风水和景观为依托，规划建设明鲁王博物馆，推进中国民俗文化研究，建设周易文化园。积极引导各产业进一步明确各自功能定位，强化服务意识，完善基础设施，提高创新能力。

突出加强各类文化产业示范基地建设。以孔子文化会展中心为主，完善物流、餐饮、会展、商住等服务设施，打造孔子文化会展产业基地。加快孔子商贸城建设，发展古董、玉石、民间工艺品等收藏、交易、拍卖业态，打造孔子商贸城古玩交易基地。充分发挥综合游客中心的地接和集散功能，带动周边旅游景区景点旅游发展，打造山东省重要的游客集散基地。发挥曲阜文化经济特区地理优势，成立孔子文化古籍出版社，举办古代图书交易展，建立区域性图书储备中转物流中心，带动印刷业、出版业快速发展，形成中国江北图书物流集散基地。做大中国画家村，建设孔子书画院，扶持龙头书画企业，举办各类全国性和区域性书画展览，打造中国书画培训交易基地。利用世界各地越来越多的孔子学院的开办和国际汉语热的形成，吸引更多的孔子学院教师和学生，以及其他教育界人士来修学旅游、体验交流，打造世界孔子学院总部体验基地。

（二）推出系列发展带动活动

充分发挥文化活动对文化旅游市场、形象促销和社会消费的综合拉动效应，探索文化活动的市场化机制，创意策划一批有特色的文化活动，为扩大影响力搭建重要载体。提高曲阜

国际孔子文化节运作水平，注重引进外来智慧，引入市场化机制，与会展产业、旅游促销、新闻媒体网络紧密结合，拉长节庆产业链条。扩大孔子家乡修学旅游节的国际影响力，形成春季祭祀尼山、秋季祭祀孔庙的文化传统，不断丰富文化节庆活动体系。积极推动联合国世界孔子教育奖颁奖与孔子文化节的错位举办，争取将孔子诞辰日作为中国教师节，创意策划更多以教育为主要内容的文化活动。

推进新时期道德创建活动。充分挖掘、大力弘扬优秀传统礼仪，将儒家经典故事融入教材中，做到与社会公德、职业道德、家庭美德、个人品德有机结合，与现代文明礼仪融为一体，开发编写以社会礼仪、职业礼仪、家庭礼仪、个人礼仪为主要内容和特色的教育教材，实现继承转化和与时俱进、传统美德和现代礼仪、教育重点和受众对象的完美统一。大力推广乡村儒学讲堂，各村配备一名儒学讲师，以"人人彬彬有礼"教育学校为示范，结合各单位、各企业、各村居的实际，在道德教育室、文化大院、人口学校等现有阵地的基础上，打造道德高地和首善之区。

（三）实施一批重点带动项目

明故城保护复兴工程。以明故城的恢复重建为核心，重点做好古泮池、十二府等片区的恢复建设，打造建成儒家文化体验区。

曲阜明故城儒家文化体验园项目。在明故城中打造集吃、住、购、娱、赏为一体的世界性的、多文化融合的综合性演艺商业圈。对神道路、大成路两侧及周边区域进行商业功能、配套设施规划、开发及经营管理。围绕孔子儒家文化产业开发游学基地创设统一品牌系列，开发衍生品产品产业链的配套开发经营等。

孔子博物馆。主要由陈列展览、宣教服务、馆藏保管、科研业务等功能区组成，形成以"主展馆"为核心、七星相辉映的建筑群体，满足10万余件文物的存放、保护和展览陈列要求，成为曲阜优秀传统文化传承示范区的标志性文化建筑。

曲阜文化创意综合体项目。依托曲阜国家文化产业示范园区，提供优惠的扶持政策和完善的配套服务，吸引文化创意、数字出版、移动多媒体、动漫游戏、影视等企业入驻发展。建设内容包括信息交流、公共技术服务、宣传展示、国际交流、生活后勤等现代服务平台，以及配套商业、酒店、娱乐设施等。

山东曲阜儒源儒家文化体验基地。弘扬儒家文化的大型儒家文化体验基地，设置经学文化、实操古礼、舞台剧、国粹戏曲、饮食文化礼仪、就寝礼仪、服饰文化等多项实景体验，打造集制作、展示、销售为一体的非物质文化遗产展示街区。

九龙山山体水系生态建设工程。对九龙山与周边区域进行良好的生态环境保护和调节控制，开发建设有机融合的新型山水格局，为中华文化标志城规划建设奠定基础。对各类自然资源进行保护、恢复与优化，形成有机平衡的生态系统，成为中华文化标志城生态资源蓄积地和生态活力的源泉。全面改造、修复九龙山区域的采石坑、采土坑,恢复受损山林植被,规划建设生态林、道路廊道、轴线廊道、河流廊道,构建生态网络体系,重塑九龙山的名山胜迹,全面提升文化意境和内涵,确立独特的生态文化优势。

中华先贤纪念堂组群。以九龙山龙头至朱雀山连线为文化中轴线进行整体空间布局,规划建设"中华先贤纪念堂"组群项目,祭祀中华民族的先祖、先圣、先烈,站在中华民族整体的角度,体现中华民族多元一体汇聚的思想,强化神圣性、观赏性、游览性和参与性。

邹城孟子湖新区。在104国道以东、京沪高铁以西、孟子湖周边地区,打造以总部经济、高端服务业和文化创意产业为主导的产业集群,突出企业展览馆、产业博览馆、培训中心、企业会所、企业文化公园特色项目。围绕以孟子"仁义礼智"为基础的四德教育,拓展素质教育培训基地、学前教育中心、民间艺术坊等,推动发展创意设计、影视制作、出版发行印刷复制、演艺娱乐、广告会展、文化旅游、数字内容、新媒体开发等产业门类的文化创意企业。重点打造总部经济聚集区、文化产业聚集区和孟子湖景观带、杨下河景观带为主体的现代化新城区。

邹西文化产业示范园。以邹西"四镇两区"为核心区域,在以科技创新驱动经济转型,着力提升传统产业竞争优势,加速培育战略性新兴产业的基础上,重点突破发展文化产品、文化设备制造业和现代服务业。结合采煤塌陷地治理工程,突出湿地景观生态格局的打造。

邹城中华母亲文化产业园。在孟子湖南九里涧区域建设母教文化产业集聚区,深度挖掘孟子思想内涵和"孟母教子"文化底蕴,以母教文化、感恩教育系列活动为主线,打造独具特色的母教文化品牌。

邹城非物质文化遗产展示园区。在邹县古城建立非物质文化遗产传承基地,内设多功能厅、非遗展示厅、排练厅、培训教室、非遗信息咨询厅、资料及实物陈列厅、项目展演厅,开展非物质文化遗产搜集、挖掘、整理、研究、传承保护工作。

第五节　基于文化自信的青岛城市文化建设

优秀文化是一个民族赖以生存的重要精神寄托和精神支持,是民族振兴的精神动力与建设先进文化的重要基础。而文化自信根植于优秀文化,是一个国家、一个民族发展中最基本、最深沉、最持久的力量。"求木之长者,必固其根本;欲流之远者,必浚其泉源",坚持中国特色社会主义道路自信、理论自信、制度自信,说到底是要坚定文化自信。党的十九届五中全会指出到2035年要建成文化强国,为此必须坚定中华民族的文化自信,"繁荣发展文化事业与文化产业"。当前,我国文化自信的树立落实落细于人民朝夕所居的环境中。在"十四五"开局之际,如何将文化自信转化为城市文化建设的动力,进而推动城市的文化建设、优化人民群众的居住环境,成为学界目前需要关注与解决的重要课题。

不同城市的文化在发展过程中逐渐发展为可以代表一座城市的独特基因和代码。然而在中国城市化进程加速与经济高速发展的过程中,许多城市陷入文化开发怪圈,缺乏自己独特的文化品位,出现"千城一面"的现象。如何破解城市文化开发怪圈,发挥城市文化各自的优势,需要学者们深思。罗伯特·戈佛斯指出,可以将城市与文化看作"想象的共同体",将城市的文化标识作为某种载体传递城市个性与其文化内涵。例如,提及巴黎,人们会想到浪漫;提及德国,便是工匠精神。这种文化与城市共进的建设思路对本研究具有较多启发。青岛作为中国重要的海滨城市,是山东省蓝色经济区的龙头城市,依托其丰厚的历史底蕴与依山傍水的地理区位优势等,凝练出独具特色的青岛文化。如何将青岛文化融入城市建设,以应对快速城镇化与市场经济浪潮的冲击与挑战,是青岛城市文化建设及青岛城市建设的重要内容。

以青岛为代表的我国发达城市,基于文化自信的视角开展城市文化建设,打破城市目前发展的僵化局面已经迫在眉睫。因此,本文在借鉴文化自信与城市文化建设相关研究文献的基础上,探讨青岛文化自信的形成原因,总结青岛加强城市文化建设采取的措施,进而对青岛城市文化建设的未来进行展望与思考。

一、青岛文化自信的形成原因

一个强大的国家、强大的民族,必须有根植于民族历史沃土的先进文化。中华文化源远流长,孔子的"敏而好学,不耻下问"、老子的"上善若水,水善利万物而不争"、孟子的"得道多助,失道寡助"等经典,蕴含着丰富的智慧启蒙和道德感召;大禹治水、愚公移山、杨家将等中国故事讲述了中国精神、彰显了中华文化魅力,凝聚着中华民族的"形"与"魂"。中国的文化自信是水到渠成的,深深植根于中华民族的文化精神中,因为它来自中华民族5000多年的辉煌历史与灿烂文明,依托于中国自身经济文化快速发展的历史进程,并在构建人类命运共同体中得到实现与升华。青岛继承了我国优秀的传统文化,在此基础上逐渐发展成为具有青岛特色的、独特的青岛城市文化。优秀的中华传统文化对青岛城市文化建设产生了深远的影响,起到了重要的指导作用。

青岛作为我国重要的副省级城市之一,城市文化建设经历了长时间探索,从2003年青岛确定的"诚信、博大、和谐、卓越"的城市精神,到2017年提出要建设"更加富有活力更加时尚美丽更加独具魅力"的青岛,再到2019年提出要发挥青岛海洋特色优势,努力把青岛打造成为"开放、现代、活力、时尚"之城。从青岛城市文化建设目标的发展可以看出,青岛"开放、活力"的海洋特色城市文化已经深入人心,而"现代、时尚"的海洋特色城市文化则反映了青岛未来的发展方向。总的来说,青岛文化自信来自青岛悠久的历史文化渊源,来自青岛独特的区位优势,来自国家和政府对青岛特色经济的支持。

(一)青岛文化自信的历史渊源

青岛悠久的历史,沉淀了光彩的文化。从5000多年前的龙山文化到4000多年前的岳石文化,再到春秋战国时期的古琅琊、古即墨文化,这些古老的文化为如今的青岛留下了珍贵的文化遗产。作为中国道教的发祥地之一,青岛崂山曾遍布道院、道庵,并发展出体系化的道教文化。

青岛文化不仅具有历史的厚度,还拥有思想的广度。在近现代,青岛先后经历了德国强占、日本侵占等,但同时青岛也经历了"传统"与"海派"文化的碰撞。20世纪二三十年代众多文化大师汇聚青岛,引领了中国文化的风潮,由此青岛形成了"开放"的城市文化,青岛也成为那段民族意识空前高涨的岁月中实至名归的文化中心。

(二)青岛文化自信的区位优势

青岛位于山东半岛东南端,北邻大泽山脉,南滨黄海,是中国重要的滨海城市。海洋文化与青岛文化自信紧密相关,比如青岛栈桥、五四广场、金沙滩等海洋自然文化风光,祭海、蛤蜊节、海鲜鱼宴等民俗文化,充分展现出青岛文化中的海洋色彩。在道教等不同宗教的影响下,青岛出现了不同类型和风格的宗教建筑,佛寺、道观与教堂等其他欧式建筑体现了青岛东西合璧的建筑文化。依托特殊地理区位优势,青岛风光秀丽、气候宜人,易吸引资金与人才的进驻,是山东省经济发展的龙头与中心。

(三)青岛文化自信的特色经济支持

青岛具有"好客山东"与有容乃大的海洋文化相融合的特色文化,曾被评为中国十大最具经济活力城市、中国十佳商务城市与文明城市。利用其厚实的文化积淀,青岛将自身打造成了独特的海洋休闲娱乐名城,围绕旅游产业发展了"以海鲜养殖、海洋食品深加工、海鲜餐饮业以及旅游业为主"的三产融合的特色产业集群。青岛利用文化资源的开发、鲁菜的创新以及行业整顿等方式提高了产业发展质量,通过旅游线路规划、旅游景点集聚、旅游产品合理开发将城市旅游资源转化为产业发展优势,形成了别具一格的"开放、现代、活力、时尚"海洋特色城市文化。青岛也获得了海洋文化的丰厚红利,水产品出口创汇居全国首位,成为中国重要的外贸口岸。

二、青岛城市文化建设采取的措施

青岛在已有城市文化的基础上,利用其历史、区域、特色经济优势,采取了相应的城市文化建设措施。

(一)营造宜居环境,建设国际幸福港城

营造和谐有序的城市环境,是青岛加快建设宜居幸福的国际港城进程的重要举措。宜

居环境体现的是一个城市的内涵与气质，是舒适的生活条件、美丽的生活环境、稳定的社会秩序以及和谐的社会氛围的总体概括。近年来，青岛从安全生产、食品药品安全、大气和水污染、交通拥堵、市容环境、社会治安及消费市场秩序七大重点领域进行专项治理，改善城乡居民生活居住环境。通过背街小巷改造、环境卫生整治、美丽乡村环境改造、生态景观提升等行动致力打造"全国最洁净滨海城市"；推进交通拥堵治理工作以解决"停车难、行车难、乘车难、行路难"的市民及游客出行问题；加快能源结构调整等以应对大气污染，实施河道截污与综合整治工程等改善水污染现状；全面整治"吃住行游娱购"以及构建"五位一体"立体化治安防控体系，全面保障市民生活的方方面面。

（二）实施文化强市战略，建设现代文化名城

自改革开放以来，青岛文化政策环境日益完善，文艺事业与文化产业逐渐繁荣，围绕文化强市战略，青岛全面建设现代文化名城。通过培育城市精神、提升公民素质、完善文化设施、繁荣发展文化事业，提升城市的文化品位，促进文化与经济社会的全面融合。如青岛建成了海底世界、极地海洋世界、青岛音乐厅、现代艺术中心、民俗博物馆等现代化文化场所，突出了青岛城市文化的个性与特色；通过承办帆船大赛等国际性活动，充分利用青岛的文化资源，树立特色品牌，加快了现代文化名城的建设进程。

（三）提升特色旅游质量，促进文旅融合

文化是旅游发展的灵魂，旅游是文化发展的载体，当旅游与文化相遇，诗和远方便走到了一起。近年来，青岛加强了历史文化遗产的保护与开发，确定了一批重点的历史文化遗产并对其进行包装与宣传，通过扩大其知名度彰显了青岛的文化魅力。

在 2020 年，青岛制定了《青岛旅游市场振兴营销行动方案》，通过 5 个方面 20 条具体举措推动文旅行业复苏振兴。如以青岛"时尚"城市文化为引领，打造"时尚青岛"品牌，组织开展了"云游青岛""局长带你游""丈量青岛——走近老建筑"等网络旅游活动；开创性地启动文旅"云招商"，加快新业态培育，如研学旅游基地的评选、"山海深呼吸乡约在青岛"等活动；推出了一系列青岛文创品牌，整合了胶东五市涉海旅游产品，引发了关注热潮。以上举措在促进青岛旅游产业发展与经济复苏的同时，推动了青岛文化的对外宣传。

（四）打造企业文化新境界，实现企业文化和城市文化融合

城市文化涵养企业文化。作为城市细胞的企业，要从青岛城市文化中汲取养分，将企业文化融入青岛城市文化，形成企业文化与城市文化的互动机制，挖掘品牌资源，增强品牌文化生命力。如海尔集团从"大锤砸冰箱"到如今引领家电产业的人单合一双赢文化、生态网络化战略，彰显了青岛诚实守信与创新之道的文化魅力；青岛啤酒坚守"严谨、务实、高效"的作风，用激情酿造消费者喜好的啤酒，为生活创造快乐，体现了诚实、和谐、开放、创新的企业文化理念。"没有成功的企业，只有时代的企业"。植根于包容乃大的青岛，企业文化离不开

青岛城市文化的涵养。

三、文化自信视角下青岛城市文化建设的展望

(一)文化自信视角下青岛城市生态系统的构建

追求美好生活是永恒的主题。而美好的生活不仅仅是物质的富足,更是精神的充裕。"十三五"期间,青岛准确把握形势,迎接挑战,在深挖文化价值、培育青岛精神的同时,进一步释放创新创造活力,谱写了青岛城市建设新篇章。在"十四五"开局之际,顺应生态文明发展,青岛城市文化建设需要在文化自信的视角下深入构建城市生态系统。

城市生态系统是城市居民与其环境相互作用而形成的统一整体,也是人类对自然环境的适应、加工、改造而建设起来的特殊的人工生态系统。作为一个开放的人工生态系统,城市需要从外界获得空气、水、食品、燃料和其他物质。青岛城市文化既受到本市自然环境的影响,也受到城市文化自身因素的影响,因此形成了其特有的发展规律。在城市生态系统的建设中,文化的作用尤为突出,而城市文化生态平衡作为城市生态系统建设的重点内容,需要将其摆在重要的位置上。在青岛城市文化建设中,需在传承优秀文化、利用区位优势与国家政策优势的基础上,关注城市文化生态平衡。

具体而言,首先,把握青岛文化发展与城市经济发展在社会发展中的平衡。在青岛城市文化形成的过程中,区位因素与政策因素起到了重要作用,青岛在经济文化的迅速发展过程中,出现了片面追求经济建设而忽视文化建设的现象。因此,青岛在城市文化建设过程中,需把握好文化建设与其他建设之间的关系。其次,做到城市文化事业中的公益文化、高雅文化与大众娱乐文化的平衡。随着经济的发展,大众娱乐文化逐渐在文化系统中占据主要地位,满足了人民群众诸多的精神需求。但是,公益文化、高雅文化在居民生活中具有不可或缺的作用,不能因为大众娱乐文化的快速发展而放弃其他类型文化的建设。

(二)青岛未来城市文化建设的原则

在青岛未来的城市文化建设中,需进一步坚持文化自信。

一是坚持求同存异,突出青岛特色。青岛在城市文化建设过程中强调城市文化的青岛特色,但不等于唯我独尊。在开放、合作共赢的环境中,城市文化建设需要多元文化的碰撞与融合,"取其精华,去其糟粕",促进青岛城市文化发展,这样才能形成属于自我又超脱自我的城市文化。

二是既要遵循文化的规律,又要遵循城市发展的规律。青岛文化与精神作为中国特色社会主义文化的一分子,是一种根植于中国特色社会主义伟大实践的先进文化,要着眼于人民性与实践性,充分适应青岛社会经济的需要与市民文化审美的需求。在城市文化建设过程中,要有大局观念、统筹规划,在理性审视青岛自身实力的同时,通过科学的手段进行城市

整体优化,从而实现文化内涵与美学追求的融合。

　　三是为人民服务,为人民所用。在青岛城市文化建设过程中,充分考虑市民需求,提高市民参与感,真正发挥其主人翁意识;提高市民对历史和现实的思考,发挥其生活的激情,创造出更加辉煌的物质文明与精神文明成果,推动城市方方面面的发展。

　　具体地来说,青岛城市文化建设应立足古琅琊、古即墨文化遗址、历史文化街区等历史资源,海岸线、120余个海岛、崂山山脉等地理区位优势资源,海洋休闲娱乐、海洋食品深加工等特色经济资源,以"开放、现代、活力、时尚"海洋特色城市文化为引领,将城市文化资源与城市资源融合汇聚,把文化资源放在城市长期发展的更大的框架下进行整合,发挥城市文化资源价值,构建更加特色鲜明而又科学系统的海洋特色城市文化。

第八章 文化贸易与文化交流：扩大齐鲁文化的世界影响力

实施"走出去"战略，推动对外文化交流合作和文化贸易发展，这是弘扬齐鲁文化、提高齐鲁文化国际影响力的主要载体，是加快山东文化产业发展的重要动力，是文化强省建设的关键环节。

第一节 深刻认识文化"走出去"的基本规律

一、进一步提高对文化"走出去"必要性和紧迫性的认识

推动文化"走出去"具有重要的文化意义和政治意义。其一，文化"走出去"是适应文化发展全球化态势的必然选择。当今世界，文化与经济、政治相互交融，在综合国力竞争中的地位和作用日益突出。谁占据了文化发展的制高点，谁就能够在激烈的国际竞争中掌握主动权。因此，文化"走出去"是增强国家"软实力"，抵御西方文化侵袭、渗透的必然要求，事关中国文化在全球化进程中的生存和发展。其二，文化"走出去"是展示国家形象、传播和谐理念的迫切需要。面对西方敌对势力鼓噪的"中国威胁论""中国责任论"，面对国外一些人士对我国的误解，我们要借助文化将发展、开放、文明、民主、和谐的中国展示给世界。其三，文化"走出去"是促进中国文化产业发展的重要手段。目前，中国文化产业发展滞后，对外文化贸易严重"入超"。文化贸易的严重逆差，对我国文化产业发展和文化安全构成了严重威胁。改变这种状况的根本办法就是大力发展文化产业，多输出自己的文化产品，把深厚的文化资源变成现实的文化优势。

二、必须始终坚持社会主义先进文化的主体性

文化自身具有鲜明的意识形态属性。"走出去"的文化产品和服务必然内含一定的意识形态和价值取向。我们实施的文化"走出去"战略，是社会主义先进文化"走出去"的战略。因此，首先必须立足国情，始终坚持社会主义先进文化的主体性，以建设社会主义核心价值体系为根本，促进社会主义文化大发展大繁荣，不断增强社会主义先进文化的吸引力和感召力。在此基础上，向世界传播中国的文化传统和价值观念，展示改革开放的当代中国新形象。

三、必须整合资源,推动文化交流规模化、集约化

山东文化资源丰富,除了孔子和儒家文化,还有墨子文化、兵家文化,以及运河文化、泰山文化、名泉文化、海洋文化等。只有进行有效整合,才能形成和发挥规模优势。要通过打造产业集聚区,优化配置资源,整合集聚区内相近的文化资源,改变过去各自为战的局面。要积极组建一批具有较强自主创新能力和市场竞争能力的文化产业集团,形成优势产业群体,推动规模化、集约化经营。同时,整合民族歌舞、戏剧曲艺、民间工艺、历史文化、摄影美术书法等方面的资源,鼓励民间组织、民营企业和个人从事对外文化交流。

第二节 齐鲁文化"走出去"的优势

目前,对外文化交流仍然在山东文化"走出去"中占重要地位。同时,山东对外文化贸易也取得了积极进展,涌现出了一批走出去的品牌产品和骨干企业,走出去领域不断拓宽,形式更加多样,行业国际竞争力和影响力显著增强。

一、齐鲁文化的影响力日益扩大

利用国际孔子文化节,扩大孔子文化品牌的影响。1984 年,山东举办了"孔子故里游"活动;1989 年,山东举办了首届"中国曲阜国际孔子文化节";2007 年,山东省人民政府与文化部、教育部、国家旅游局、全国侨联联合主办了第 24 届国际孔子文化节,有效提升了文化节的规格,进一步打造了孔子文化品牌。在中央和省主要外宣媒体以及香港主要媒体开设了《孔子故乡－中国山东》专栏、专版,中国国际广播电台用 4 种语言推出专题 16 期,《中国日报》和中国日报网推出专题 12 期,中国网用 9 种语言推出山东专题、发稿 3000 余条,《香港文汇报》推出专版 12 个;在美国、日本、韩国、俄罗斯、北欧等地举办孔子文化周、孔子文物展、《孔子故乡——中国山东》图片展、山东风筝精品展、日照农民画展等活动,初步形成了多层次、全方位、有特色的对外文化宣传格局。

二、文化贸易快速发展

首先,文化贸易规模不断扩大。以山东杂技为代表的演艺产品逐步走向国际市场。近五年来,山东杂技的足迹遍及五大洲的二十多个国家和香港、澳门地区。2010 年,由世界著名的太阳马戏团、中国对外文化集团公司和山东省杂技演艺有限公司共同打造的新版《龙狮》开始在北美巡演,对山东对外文化贸易的发展起了良好的示范作用。属于文化产业外围层、相关层的工艺美术产品、乐器、家用视听设备等是山东省文化出口产品的主体,贸易额稳定增长。其次,版权输出增长快速。2022 年 4 月 26 日是第 22 个世界知识产权日,山东经过

多年努力开展了多种多样的宣传普及活动，营造重视版权、加强版权保护发展的浓厚氛围。近年来，作为版权贸易主体的图书版权输出总量不断增长，特别是与重点发达国家之间的版权贸易实现了较大突破，对美、加、日、英、法、德、韩等重点发达国家的图书版权输出总量比"十三五"末增长了一倍多，内容涉及历史、传统文化、艺术、生活类、中医科技等。再次，出口品牌效应逐渐凸显。尽管近年来受到数字化浪潮冲击等多重因素的影响，但是文化产品出口仍继续保持增长，一些重点产品在海外市场创出了品牌。

三、国际文化合作成果丰硕

资本国际输出、参与国际间合作、在境外办实体是山东文化产业走出去的高级模式，要求企业不仅有国际化发展眼光，还要有境外本土化运作经验。山东一些骨干企业，积极走出去开展国际合作和交流，既加深了行业交流联系，又提升了产品对外竞争力。目前，青岛出版集团和澳大利亚威尔顿国际集团合作的《中国——新长征》翻译成多国文字出版发行，在海外引起较大反响。与美国国家地理学会合作出版的《环球少年地理》《美国国家地理》少儿版)，目前销量超过十万册。山东广播电视台外宣中心与国际频道整合为一个部门后，通过与美国多元文化公司合作，以"中国山东孔子故乡"的新定位，在美国洛杉矶64.4频道以泰山电视台和KILM的中英文双台标，在当地实现了更大范围和更清晰的覆盖。目前，国际频道结合中国传统艺术、华人经典人物和特色美食文化，打造《唐三彩》《龙的传人》《美味食客》《假日旅游》等特色栏目覆盖世界主要城市，在海外观众中取得了极好的口碑和收视效果，也得到了海外同行的认可。2015年，与俄罗斯联合拍摄的大型纪录片《抗战中的红色之鹰》，成为山东省唯一入选"国家新闻出版广电总局2015国产纪录片"的节目，并被国家新闻出版广电总局列入2016－2017年"中俄媒体交流年"播映交流项目。

四、对外文化传播渠道不断拓展

山东出版集团打造的"尼山书屋"目前已经在俄罗斯、马耳他、波兰、新西兰、意大利、阿根廷、澳大利亚等十余个国家落地，对中国优秀传统文化走出去起到了积极的推动作用。借助国外主流零售渠道，覆盖海外高端读者和主流人群，是山东文化产业拓展国际营销渠道的一个重大突破。《齐鲁晚报》在法国巴黎成立了《齐鲁晚报》欧洲报道中心，借助欧洲发行量最大的华文报纸《欧洲时报》零售渠道，从9月1日开始在《欧洲时报》刊发《齐鲁晚报·欧洲版》。《走向世界》杂志社于2012年4月在韩国首尔注册成立了《金桥》杂志韩国支社，这是我国在韩成立的第一家期刊支社。杂志主要针对韩国政要、大中型企业领导人及其他社会知名人士开展定向发行，有效提升了《金桥》杂志对韩国主流社会宣传的针对性。2012年底，韩国政府授予《金桥》杂志韩国支社负责人大韩民国文化演艺大奖，这是中国媒体人首次获此奖项。同时，杂志社不断拓宽传播领域，在国家汉办的指导下，针对我国在海外开设的孔子学院及课堂开展定向发行,现已覆盖所有已开课的 440 余所孔子学院,并逐步向孔子课堂延伸。同时,在北美、欧洲、东亚、中东、大洋洲以及中国香港、中国台湾等地区设立了 10 家联络处,促进杂志在山东省对外开放重点国家和地区的发行。

第三节　推动齐鲁文化"走出去"的战略措施

文化对外贸易是推动文化产业发展的重要动力。实现山东省文化产业的快速、可持续发展,必须依靠投资、消费、出口"三驾马车"的协同拉动,形成文化贸易优势,推动文化强省建设实现新跨越。

一、增强山东文化企业的外向发展能力

(一)打造实力雄厚的文化出口集团

加快山东省文化出口贸易发展,首先要提升文化产业发展的规模化和集约化水平。骨干企业是文化产品出口贸易的中坚,要优先培植一批主业突出、实力雄厚的大型文化企业和企业集团,打造出具有国家水准、能够与国际同行竞争的主力军和"国家队"。

(二)鼓励文化企业开展对外直接投资,以投资带动出口

充分抓住当前中央对发展文化产业高度重视,后金融危机时期全球文化格局调整的机遇,采取有力措施鼓励有实力的文化企业收购、兼并境外企业或资产,使山东文化产品打入国际主流社会,扩大齐鲁文化的影响力。

(三)改进文化企业生产流程,主动与国际标准和偏好接轨

积极开展对国际文化市场消费习惯和热点的跟踪调查研究,指导文化出口企业贴近境外受众的消费心理和欣赏习惯,创作生产既体现齐鲁文化特色又符合境外市场需求的文化产品。引导文化出口企业按照国际标准改进生产、工作流程,适应国际文化贸易规则,避免贸易壁垒的羁绊。

(四)确定目标市场

引导文化企业科学选择产品出口的目标市场,减少"文化折扣"(不同国家消费者的消费习惯、文化认同、心理感受等文化因素对文化出口贸易的影响)。文化产品出口市场的选择,主要考虑目标市场对山东文化的认知和接受程度、华人数量和处境,以及文化消费能力、双边经贸关系、文化开放程度、贸易保护状况等。

二、提升山东文化产品的国际竞争力

(一)优化文化产品出口结构

深入实施重点出口项目带动战略,加快发展具有较强示范效应和拉动作用的大项目、新

项目,重点扶持发展市场前景好、发展潜力大、比较优势明显的文化出口项目。提高文化产业核心层图书、影视、动漫作品版权输出和文化艺术服务出口的比重,不断优化产品出口结构。

(二)扩大自主品牌文化产品出口规模

孔子品牌是中国文化特别是齐鲁文化走向世界的重要品牌,但在开发利用方面,仍然存在多头出击、重复雷同、难以形成合力的现象,迫切需要政府加强引导,整合力量。大力发展以孔子生平、儒家经典、名人名言为主要内容的动漫产业,打造孔孟颜曾文化和运河文化、水浒文化等有机联系的文化旅游链条。组建大型孔子文化产业集团,开发图书、音像、服装、表演艺术以及文物仿制和文化旅游纪念品,参与世界孔子文化学院建设,在走出去中彰显齐鲁文化的独特魅力。提高精品杂技演艺项目的国际市场营销能力,积极开展跨国演出合作,带动山东演艺品牌扩大出口。不断增强自主创新能力,培育更多具有国际影响力的文化创意品牌,以品牌带动产品出口,靠品牌赢得市场竞争。

(三)开拓 IP 资源

积极探索、发掘齐鲁文化中的 IP 资源,每年确立重点项目,以媒体融合发展理念打造齐鲁特色文化品牌。要深度参与国际文化产业分工,占领产业价值链高端,离不开具有国际影响力的文化骨干企业和品牌的龙头作用。文化资源是文化产业发展的物质基础,是整个文化产业发展壮大赖以成功的土壤。文化资源的丰富性与鲜明的地域风格,是山东文化品牌开发与创新的源泉。山东文化企业打造品牌,就要在对产品和服务进行技术创新升级的同时,认真研究国外受众消费需求的关注点、兴趣点、共鸣点。深入挖掘齐鲁文化的深厚内涵,弘扬文化个性,凸显人文价值,在文化产品和服务中注入多样化的审美情趣,使之能传递出更多的文化信息,赢取更多不同文化背景的消费者的认同。梳理中国传统文化中山东具有优势的 IP 资源,提出山东新闻出版广播影视业"走出去"的规划思路,以项目带动为核心,形成突破点。此外,政府与企业都应提升文化品牌的保护意识。政府应加大制止和打击非法抢注、假冒伪劣文化品牌的力度,完善知识产权保护的法律、法规,为文化产业营造公平公正的竞争环境;文化企业则要在提高品牌保护意识的同时,加快对商标、专利、版权的注册,熟悉掌握国内外法律法规、公约、惯例、协议中对品牌保护的有关规定,提升文化品牌依法运营和依法维权的能力,保障文化品牌的稳定发展。

(四)挖掘内在潜力,盘活现有文化存量

文艺院团是对外文化交流的一支重要力量,要进一步深化改革,在剧目创作、演员聘用、对外营销等方面,实行市场运作,激发内在活力。同时,加大对齐文化的开发宣传力度,推动齐文化产业发展和对外交流传播。此外,潍坊风筝文化、杨家埠木板年画民俗文化同样存在如何进一步挖掘潜力、盘活存量的问题。

三、塑造山东的国际文化形象

山东文化贸易的扩大和山东文化形象的提升是一个双向促动的过程,塑造山东形象有利于增强"山东造"文化产品和服务在海外的认可度、信赖度,促进对外文化贸易的发展。塑造山东的国际文化形象需从以下几点入手:一是发挥历史文化名人、演艺名人、社会名人的名人效应,树立名人辈出的文化强省形象;二是依靠对外贸易输出具有浓郁山东地域特色的名牌产品,靠品牌产品提高山东的知名度;三是打造旅游、休闲娱乐、会展节庆活动等名牌工程,吸引广大海外游客,提高山东的美誉度和吸引力;四是加强宣传推介,积极开展各种形式的对外经贸、文化交流活动,参与各种国外的展览、会议活动,以及自主组织承办高层次国际性展会,树立起山东省在国际上较高的认可度和影响辐射力。

四、加强文化贸易人才的培养

立足"复合型"架构,加大对人才的培养、引进力度。政府和文化管理部门要制定规划,完善政策,加大对"复合型"人才的培养和引进力度,加速培养文化贸易方面的国际化经营人才、国际文化商务谈判人才、外语人才、法律人才、金融保险人才、旅游人才等外向型、创新型、复合型、协作型人才,特别是培养一大批精通外语、熟悉国际文化市场规则、善于开拓国际文化市场的外向型人才。充分发挥山东高校教育、科研和培训资源丰富的优势,建立起产学研一体化人才培养机制,加强基础研究,对文化、艺术、经贸专业进行整合,设置"国际文化贸易"专业,扩大选人用人渠道,在留住和用好国内现有人才的同时,吸引更多的海外人才为我服务。

五、主动搭建出口贸易发展平台

在发达国家推动相关文化产业走出去的过程中,政府起着至关重要的作用。美国政府高度注重文化服务贸易立法和管理体制的建设,设有专门的服务贸易管理部门进行管理服务,而且在联邦政府与地方政府、政府部门与企业及民间组织、立法机构与管理部门之间形成了有效的协调机制。澳大利亚积极促进政府机构应用信息技术以改善公共服务,为创意产业提供更为公平、灵活的竞争环境。英国的"创意产业输出推广顾问团"、日本的"文化产品海外流通促进机构"、韩国的"影像制品出口支援中心"等的成功经验,对我们创新政府服务模式、提升服务水平具有借鉴作用。

一是政府可委托相关部门成立专门的文化贸易管理机构,提供文化服务贸易统计分析、战略制定、日常管理、出口促进等具体服务。二是强化新闻出版、广电、文化、商务、外宣、外交、金融等部门的统筹协调,既要改变当前文化管理部门职能分散、多头管理、权责交叉的现状,又要强化协调合作。通过建立工作联席会议制度,形成跨部门的协调机制,加快各文化产业市场的整合,形成山东文化产业走出去的合力。三是进一步完善省内文化贸易信息服务体系。建设"走出去"信息服务平台,在对外投资保护、政策引导、境外融资等信息和咨询服务方面为企业走出去提供细致服务。同时,政府管理部门与相关高等院校合作,成立专门的文化产业贸易研究机构,加强对"走出去"国家地区法律、法规和政策的研究。尤其是在当今国内外竞相发展大数据的重要时期,构建专门的文化资源和文化产业信息的收集、研究和发布机制,完善境内外投资环境信息系统,畅通文化贸易信息交流渠道,打破政府各部门、政府与企业、企业与国际市场之间的"信息孤岛"现状。

六、加强对文化出口贸易的引导扶持

(一)坚持政府主导、社会互动,调动方方面面的积极性

在实施文化"走出去"战略中,政府要发挥主导作用。个人作为社会的组成部分,应积极参与对外文化交流。以各种形式走出去的"出国人员",应是文化"走出去"的流动载体和会说话的广告。同时,还要充分发挥中外友好人士的作用。

(二)完善政策法规,营造良好的对外文化发展环境

制定《山东省对外文化贸易中长期发展规划》,明确山东对外文化贸易的目标、战略、重点、政策,对文化出口企业进行正确引导,促进山东省对外文化贸易的科学发展;构建对外文化贸易指标体系和数据库,形成常态监控预警机制,为全省文化外贸提供决策提供支持。确立有效的相关产业政策和文化外贸战略,无疑将对帮助企业获得竞争优势,提升相关产业国际竞争力发挥重要作用。山东省现有相关产业走出去的政策主要表现在对文化产品贸易环节的直接支持上,采取的是对文化产品出口的补贴、税收优惠、资金扶持等直接的鼓励政策。要使得文化产业获得无可复制的竞争力,更应着重于构建提升产业内部竞争力的政策体系,即着力培育产业的核心创新能力转型升级。主要途径就是要依托发展出版发行、影视传媒、文化创意等优势产业,着力构建创新型文化产业集群,聚合国内、国外两个市场资源,促进资源集聚和产业要素的合理流动,不断提高产业集中度和规模效益,提升山东文化产业的技术层次和创新能力。在产业集群的发展中,既要注重提升产业集聚区的内生竞争力,即文化资源、创生能力、产业化程度、集聚度等,又要不断优化外部"硬"环境,即基础设施建设、文化公共设施建设,以及相关的配套服务体系建设,特别是文化产业知识产权管理服务体系等。

(三)设立专项专款

设立山东文化企业"走出去"专项发展资金、山东海外文化投资基金、文化"走出去"海外并购投资风险基金等,鼓励文创产业孵化器的投资建设,构建多元化的资金支持服务体系。一是要进一步完善现有相关产业"走出去"的财政、税收、投融资等政策。给予文化产品和文化服务出口以税收优惠、外汇优惠、版税优惠和收益分配优惠等措施,帮助文化企业提升海外拓展能力。在加大推荐和认定全国及省内文化出口重点企业和重点项目力度的同时,建

议设立山东文化企业"走出去"专项发展资金、山东海外文化投资基金、文化"走出去"海外并购投资风险基金等,为对外直接投资的文化企业提供贷款贴息、信用担保和投资支持,减少文化企业海外投资风险。并且要建立合理科学的评价与分配机制,让受到扶持的是真正具有良好发展前景的企业和项目。二是要推动行业龙头与金融巨头的深度对接。发挥金融巨头在资产管理、证券、基金、信托、海外资本运作等方面的优势,为文化企业跨区域跨行业扩张,进行重大项目建设提供有力支持。三是加强对中小型文化企业的金融服务,鼓励社会投资,建设面向小微文化创意产业的孵化器。创意产业大多是以生产知识产权为基础的中小企业,这些企业固定资产少,盈利商业模式不确定,再加上市场缺少完善的信用评级体系,导致贷款融资难。要解决小微型文化企业的资金困难,一方面可以给予研发投入较大的企业进行优先信贷投放、个性资金融通服务等优惠,同时设置专项资金提供创新专项资助,以帮助小微文化创意企业提高生产力;另一方面还可学习澳大利亚通过设立专门的澳大利亚研究委员会创意产业创新研究中心,为中小企业进行商业评估服务,为企业与院校、行业与政府的沟通、合作提供平台,同时帮助研究机构、人员与企业建立联系,为中小企业创新研究成果市场转化提供便利。

第九章　中国梦与中国精神：
助推全面小康的核心力量

梦想是奋斗目标，是理想信念；精神产生力量，鼓舞斗志。"实现中国梦必须弘扬中国精神。这就是以爱国主义为核心的民族精神，以改革创新为核心的时代精神。"习近平总书记的讲话表明，"中国梦"是中国特色社会主义理想与中国精神的有机统一，统一于中国特色社会主义的伟大实践，统一于创造历史的伟大人民，统一于社会主义文化建设的根本任务。山东要实现在全面建成小康社会中走在前列的目标，必须依靠中国精神、山东精神、沂蒙精神来凝聚民心，汇集力量。

第一节　弘扬中国精神，推动伟大复兴

一、弘扬中国精神的重要意义

中国精神是中华民族不断奋斗前行的伟大动力。一个民族，没有振奋的精神和高尚的品格，不可能自立于世界民族之林。以爱国主义为核心的民族精神和以改革创新为核心的时代精神一直是中华民族赖以生存和发展的精神支撑。正是在爱国主义激励下，秦皇汉武开疆拓土，戚继光抗击倭寇，郑成功收复台湾，中华民族英雄辈出；正是在爱国主义鼓舞下，各族人民跟随中国共产党抛头颅、洒热血，实现了中华民族的完全独立，也形成了井冈山精神、西柏坡精神、延安精神、沂蒙精神等伟大民族精神；正是在爱国主义感召下，在汶川地震、芦山地震中一方有难八方支援，各族人民展现出顾全大局、公而忘私、自我牺牲、勇于奉献的崇高品格[①]。同时，一切优秀的社会精神都必须紧跟社会进步和时代发展的步伐，正确反映时代的主题和本质，始终站在时代发展和世界潮流的前列，才能永葆青春活力。改革创新是中国时代精神的核心，是对改革开放新时期实践经验的概括提升，是对马克思主义与时俱进理论品格的坚持发展，也是对中华民族鼎新革故、富于进取优良传统的传承延续。特区的创建，"一国两制"的提出，社会主义市场经济的形成，无不表明改革创新已经成为当代中国人民精神气质的集中写照和激发社会创造活力的强大力量，是当代中国的宝贵精神财富。中

---

① 佘双好. 中国梦之中国精神[M].武汉：武汉大学出版社，2015：7.

华民族正是依靠这两种精神,在困难面前永远斗志昂扬,在前进道路上永远活力无限,从苦难深重的半殖民地半封建社会快速走向伟大复兴。

"凝神聚力"依然是当前思想文化领域的核心工程。鸦片战争以来,炎黄子孙一直在救国救民的道路上苦苦探索,从未停止追寻强国富民的脚步。现在,东亚睡狮已经醒来,中华民族伟大复兴的目标即将实现,在经济、政治、军事、科技等领域,我国在综合实力上已经走在世界前列,腰板硬了起来。但是在思想文化领域,我国现在仍然比较落后。文化的繁荣振兴是实现中华民族伟大复兴的引领和要求,建设社会主义文化强国目标的提出固然振奋人心、催人奋进,但也警示世人:目标尚有距离,道路还很遥远。

在实现中国梦的征途上,必须大力培育社会主义共同理想,弘扬伟大的民族精神和时代精神,让凝心聚力的兴国之魂、强国之魄融入现代化进程,增强中华民族的凝聚力、向心力和创造力,激励全党全国各族人民为实现中华民族的伟大复兴而团结奋斗。

二、山东省社会主义精神文明建设的基本思路

山东省社会主义精神文明建设与我国社会主义精神文明建设是局部与整体的关系,在指导思想上与我国社会主义精神文明建设的指导思想是完全一致的。

(一)山东省社会主义精神文明创新发展的指导思想

高举中国特色社会主义伟大旗帜,以马克思列宁主义、毛泽东思想、邓小平理论、"三个代表"重要思想、科学发展观和习近平总书记系列重要讲话精神为指导。这是推动山东省社会主义精神文明创新发展的根本遵循和灵魂统摄。

(二)山东省社会主义精神文明创新发展的根本任务

适应社会主义现代化建设的需要,建设社会主义核心价值体系,加强思想道德建设,培养高度的文化自觉和文化自信,发展面向现代化、面向世界、面向未来的,民族的、科学的、大众的社会主义文化,培育有理想、有道德、有文化、有纪律的社会主义公民,提高全省人民的思想道德素质和科学文化素质,全面提升社会文明程度。

(三)山东省社会主义精神文明创新发展的方针路径

坚持以社会主义先进文化为方向,坚持以人民为中心的创作导向,坚持"二为"方向和"双百"方针,以社会主义核心价值观为引领,以中国精神为灵魂,以中国梦为时代主题,以中华优秀传统文化为根脉,以改革创新为动力,以创作生产优秀作品为中心环节,深入实践、深入生活、深入群众,推出更多无愧于民族、无愧于时代的文艺精品,以科学的理论武装人,以正确的舆论引导人,以高尚的精神塑造人,以优秀的作品鼓舞人。

(四)山东省社会主义精神文明创新发展的目标和落脚点

提高全省人民文明素质和全社会文明程度,不断满足人民群众日益增长的精神文化需

求,增强国家文化软实力,弘扬中华文化,建设社会主义文化强国,为实现"两个一百年"奋斗目标、实现中华民族伟大复兴的中国梦提供强大的价值引导力、文化凝聚力和精神推动力。

三、山东省社会主义精神文明建设的实证分析

山东历来重视精神文明建设工作,以此坚定理想信念,弘扬社会正气,带动全省人民思想道德水平不断提升。特别是近几年的"山东好人"评选,不仅工作力度大、社会反响好,而且对社会风气的影响巨大。山东全省评选出的"山东好人",他们不仅在年龄、性别、政治面貌、学历、职业、收入等方面体现出不同于一般社会群体的特征,而且具有鲜明的地域文化精神特质。

一是年轻人已经扛起弘扬社会主义思想道德的大旗。从年龄构成上看,"山东好人"群体中,中青年群体占了较大比重。这一方面是因为中青年群体是家庭生活、社会活动的主体力量,另一方面也说明,社会上所担心的"80后""90后"等年轻群体传统道德滑坡的现象并未出现,他们自觉弘扬中华民族优秀传统文化,用社会主义思想道德规范严格要求自己,以模范言行和崇高事迹感动社会,证明了自己是合格的社会主义接班人。

二是现代观念意识为思想道德领域输入新鲜血液。从年龄结构上看,"山东好人"群体中,男性占比较大,女性占比较小。虽然男性仍然占多数,但是女性道德模范比例明显提高,甚至有个别地方女性比例略高于男性,而且25岁以下"山东好人"的男女人数差别不大。在传统的孝老爱亲模范中,中年女性占绝对多数,但在"山东好人"评选中,年轻男性的比例正在逐步提高。这反映出,现代社会的男女平等意识、家庭责任意识、养老法律意识不断提升,道德模范群体的年龄结构也随之不断调整。

三是道德模范养成与受教育程度有正相关性。在现代社会,学校是一个人世界观、人生观、价值观形成的主要场所,学校教育对个体的人文素质起决定性作用。"山东好人"群体中,拥有本科学历的人数最多,其次是拥有大专学历的,之后依次是高中、大专、小学、硕士和博士。教育程度对"山东好人"的影响显而易见。各级各类学校必须全面推进素质教育,把教书与育人紧密结合起来,把道德教育渗透到学校教育的各个环节。

四是道德模范养成与经济基础相关性不高。道德模范的养成是改造个体精神世界的结果,与物质条件没有必然联系,物质文明的发达不代表精神文明的必然提高,社会主义现代化建设需要"两手抓"、两手都要硬,文化建设必须把社会效益放在首位。

五是"山东好人"评选具有广泛的社会基础。在"山东好人"的职业结构中,虽然农民、一般职员、干部、工人是主体,但知识分子、经商户、企业家及其他从业人员仍比重较大。从政治面貌上看,一般群众与党员数量相差无几。这说明"山东好人"具有广泛性、代表性,在各行各业、各个层面普遍存在,也说明把道德模范评选与行业创建活动结合起来是十分必

要的。

第二节　树立文化自信，建设文化强省

文化自信是一个民族、一个国家对自身所禀赋和拥有的文化价值的充分肯定和积极践行，并对其文化的生命力保持坚定的信心和发展的希望。习近平总书记在"七一"讲话中指出："坚持不忘初心、继续前进，就要坚持中国特色社会主义道路自信、理论自信、制度自信、文化自信，坚持党的基本路线不动摇，不断把中国特色社会主义伟大事业推向前进。"这一论断，首次正式把文化自信提升到与道路、理论、制度自信同等高度，为坚持中国特色社会主义提供了新的思想保障和精神支撑。同时强调"文化自信，是更基础、更广泛、更深厚的自信。在5000多年文明发展中孕育的中华优秀传统文化，在党和人民伟大斗争中孕育的革命文化和社会主义先进文化，积淀着中华民族最深层的精神追求，代表着中华民族独特的精神标识。"这一方面说明文化自信是道路、理论、制度自信的基础和升华，强调了文化自信在社会主义道路中的根基地位；另一方面也阐明了文化自信的来源，即中华优秀传统文化、红色革命文化和社会主义先进文化，为我们树立和增强文化自信指明了方向。山东是中华文明的重要发祥地，特别是儒家文化在漫长的历史发展过程中，更是奠定了中华传统文化的核心主体，成为中华文化自信的主要源泉。要进一步树立和增强文化自信，必须要加强优秀传统文化的传承和弘扬，让优秀传统文化在创造性转化、创新性发展中焕发新的生机活力，在为人类更好地探索社会制度提供中国方案中发挥更大作用。

随着社会主义建设步伐的加快，中华民族在经历近两个世纪的挣扎后已经无限接近伟大复兴。在这种背景下，党中央进一步深化对社会主义建设规律和文化发展规律的认识，提出要树立和增强文化自信。文化自信的"文化"是广义文化的概念，相当于"文明"；"文化"是指中华文化。"自信"源于信念，成于实力，在于展示。一个民族只有在对其文化抱有强烈信任和发展的理想信念之下，才能获得坚持和坚守的信心，才能鼓起奋发进取的勇气，才能克服前进路上的艰难险阻，才能激发发展创新的活力。

我们对中华民族伟大复兴的自信从本质上说是对中华文化的自信。中国是一个文化大国，中华文化历史悠久、积淀深厚、博大精深、源远流长，上下五千年、纵横八万里，物质层面的"四大发明"、丝绸之路、浩瀚文物，精神层面的家国情怀、君子人格、魏晋风度、盛唐气象等，都给世人留下了难以磨灭的记忆和印象。与世界上其他文化相比，中华传统文化在艰难险阻的克服中彰显了其优越性。唯有中华文明延续五千年而不衰，是唯一从古代存留至今的文明。自秦以来中国历经两千多年而最终保持统一，不像欧洲那样分成众多国家，这与中华文化不无关系。中华文化在历史上曾长期处于世界领先地位,中华文化是世界主流文化之一,对西方文化也曾产生过重要影响,只是在 19 世纪以后才开始衰落。在世界几大文化体系中,中华文化排他性最小、包容性最强,世界三大宗教都在中国存在和发展。而且中华文化遗产最为丰富,为文化传承奠定了坚实基础。这些优越性,是我们树立文化自信的依据。而且中华优秀传统文化中更基本、更深沉、更持久的力量,是中华民族在长期发展中形成的价值观念、理想人格、思维方式、伦理观念、审美情趣等,包含着无穷的哲学和科学智慧。所以我们对中华文化抱有无比的自信,相信中华民族在过去曾创造了辉煌灿烂的文明,在经历短暂的沉沦后,在中国共产党的领导和各族人民的努力奋斗下,中华民族必将迎来再次的辉煌。

树立和增强文化自信,要求我们不忘初心,继续前进,以高度的文化自觉,秉持不忘本来、借鉴外来、面向未来的科学态度,更加自觉地担当起领导文化建设、推动文化发展、引领文化进步的历史使命,为坚持中国特色社会主义提供智力支持,为实现"两个一百年"的奋斗目标和中华民族伟大复兴的中国梦凝聚精神力量。

一、始终不渝地坚持马克思主义的指导地位,为树立和增强文化自信奠定扎实的信仰基础

马克思主义是被历史与实践证明了的颠扑不破的科学真理,是我们文化发展的根本指导思想,是树立和增强文化自信的主心骨与指南针。正如毛主席所说:"自从中国人学会了马克思列宁主义以后,中国人在精神上就由被动转入主动。"在新的形势下,我们只有坚持以马克思主义为指导,用发展着的马克思主义引领文化建设,才能在纷繁复杂的社会意识和社会文化生态中,辨析主流和支流、区分先进与落后、划清积极与消极,有效引领各种社会思潮、抵御腐朽文化影响,才能推动社会主义文化大发展大繁荣,加快建成社会主义文化强国,不断巩固全党全国人民团结奋斗的共同思想基础。面对新的时代特点和实践要求,我们要立足时代前沿,聆听时代声音,弘扬时代精神,在实践上大胆探索、在理论上不断突破,更加深入地推动马克思主义同当代中国发展的具体实际相结合,推动马克思主义进一步中国化、时代化、大众化。要坚持马克思主义在我国哲学社会科学领域的指导地位,加快构建中国特色哲学社会科学体系,不断开辟 21 世纪马克思主义发展新境界,让当代中国马克思主义放射出更加灿烂的真理光芒。要深入学习马克思列宁主义、毛泽东思想、邓小平理论、"三个代表"重要思想、科学发展观,深入学习党中央治国理政新理念新思想新战略,不断提高马克思主义思想觉悟和理论水平,保持对远大理想和奋斗目标的清醒认知和执着追求。

二、在推动中华优秀传统文化"双创"中树立和增强文化自信①

历史和现实都表明,一个抛弃了或者背叛了自己历史文化的民族,不仅不可能发展起来,而且很可能上演一场历史悲剧。中华文化几千年的深厚文化传统、灿烂历史文明、特色思想体系,无不体现着中国人的世代精神追求和高超智慧。

(一)精神文明建设方面的"两创"

近年来,山东省致力于寻找中华优秀传统文化同精神文明创建的最佳结合点。于2007年开始实施的"四德工程"始终注意吸收中华传统美德精华,以孝、诚、爱、仁为核心内容,引起了良好的社会反响。山东省建立"善行义举四德榜"11.7万余个,基本实现行政村全覆盖。先后命名三批共95个"四德工程"建设示范县(市、区),命名了100个"四德工作"建设示范点。在全省推行"厚道儒商"品牌,大力弘扬君子文化和君子之道。持续性、创造性地实施"文明山东"建设,使之成为精神文明建设的一道亮丽风景线。

强力推进新时代文明实践中心工作,以提质扩面、打造品牌为着力点,加强制度设计、示范引领、评价激励,推动试点工作取得重要进展。目前,山东全省已建设县级文明实践中心176个(含开发区、高新区等),建成率100%;建设镇级文明实践所1849个,建成率98.1%;建设村级文明实践站56786个,建成率79.6%。

将弘扬齐鲁优秀传统文化纳入未成年人思想道德建设工作、文明校园创建测评体系。《山东省中小学文明校园测评细则》指出,加强未成年人中华优秀传统文化教育,持续开展经典诵读和戏曲、书法、传统体育等进校园活动。

加强沂蒙精神和红色文化资源的挖掘、整理和研究。举办红色主题展览500余个,全省近50个革命博物馆、纪念馆等向社会免费开放。打造文化精品传承红色基因,编排民族歌剧《沂蒙山》、吕剧《大河开凌》、舞剧《乳娘》,复排经典京剧《红云岗》等一大批优秀革命历史题材剧目,在全省产生了广泛影响。实施革命文物保护利用工程,2019年印发《山东省革命文物保护利用工程实施意见》,2020年编制《山东省革命文物保护利用总体规划》。在2020年中央宣传部、财政部、文化和旅游部、国家文物局公布的第二批革命文物保护利用片区分县名单中,山东省共有93个县入选,数量位列全国第一。

(二)研究阐发方面的"两创"

2016年以来,山东省广大社科工作者按照"四个讲清楚"的要求,以儒学研究阐发为重点,以中华优秀传统文化优势学科建设为支撑,统筹推进研究阐发体系建设。

---

① 本部分内容设计数据来自山东统计局:http://tjj.shandong.gov.cn/

一是新建、重建了一批儒学研究机构。倾力打造具有全球引领力的儒学研究中心,建立并完善了山东大学儒学高等研究院、山东师范大学齐鲁文化研究院、曲阜师范大学孔子文化研究院和国学院、山东理工大学齐文化研究院、山东社科院国际儒学研究与交流中心、孟子研究院、儒家文明省部共建协同创新中心、中华传统文化研究与体验基地。注重引进培育儒学研究高端人才,实施"儒学大家"计划,力求在世界儒学研究传播中充分掌握话语权。五年来,共遴选山东省特聘儒学大家 1 名、泰山学者特聘儒学专家 9 名、特聘儒学青年专家 14 名。

二是大力支持"两创"方面的课题立项。2015 年设立了"齐鲁优秀传统文化传承创新工程重点项目",大量有关传统文化研究方面的国家社科基金和省级课题得以立项。启动和推进"全球汉籍合璧工程",该工程现已作为国家重点文化工程列入"中华古籍保护计划"和"山东省中华优秀传统文化传承发展工程重点项目"。

三是取得了一大批研究性精品成果。"全球汉籍合璧工程"扎实推进,截至目前,共出版包括前期基础项目"子海"在内的重要成果 512 册(含 1239 种古籍及相关著述),复制回归并影印出版《铁冶志》《子海珍本编·台湾卷·中央研究院历史语言研究所(第一辑)》《子海珍本编·海外卷(日本)》《子海珍本编·台湾卷·国家图书馆(一至五辑)》等珍稀汉籍 546 册 1156 种;出版《子海精华编》点校整理成果五辑 64 册 80 种,累计出版学术期刊《汉籍与汉学》6 辑。《孔子博物馆藏孔府档案汇编·明代卷》(共三卷)出版发行,启动《儒学五圣》编纂和"四书"解读工程,组织出版了《孟子文献集成》《孟府档案》。

(三)保护传承方面的"两创"

一是古籍保护传承扎实推进。"中华古籍保护计划"深入实施,国家古籍保护中心中华优秀传统文化实践基地在曲阜挂牌,创建国家古籍保护中心人才培训基地和省古籍修复中心。修复古籍近 52873 叶(件),完成宋刻本《文选》科学修复管理项目,创建"山东省图书馆古籍珍本数据库""山东省图书馆易学古籍数据库""山东省图书馆藏佛经全文数据库"。

二是注重加强对物质文化的挖掘和保护。以齐鲁文化遗产有效保护、合理利用、传承发展为主线,推进文物保护重点工程,实施"七区三带"片区规划,启动实施泰山文化保护传承"三个一"推进工程。将大运河(山东段)文化带、齐长城文化带纳入国家文化公园战略,精心组织编制《长城国家文化公园(山东段)建设保护规划》。推进山东海疆历史文化带建设,编制《山东海疆历史文化带建设规划》,开展水下遗产资源调查。积极参与"海上丝绸之路"申遗,开展申遗水下遗产保护项目。

三是非物质文化遗产得到有效保护、合理利用、传承发展。形成非遗保护"山东模式",集中连片文物保护模式在全国范围内进行推广。完成第一次全国可移动文物普查,截至

2019 年,全省 671 家国有可移动文物收藏单位共登录文物 286 万余件(套)、实际数量 558 万余件,居全国第三位。建立了多层级的文物和非物质文化遗产保护名录,"济南泉·城文化景观"被国家文物局列入"中国世界文化遗产预备名单"。目前,全省有"人类非遗代表作名录"项目 8 个、国家级名录 173 项、省级名录 751 项;国家级传承人 92 名、省级传承人 440 名。创建了 1 个国家级文化生态保护实验区、11 个省级文化生态保护实验区。探索形成了非遗项目、传承人、传习所、生产性保护基地和生态保护区"五位一体"的保护模式。

四是深入实施县及县以下历史文化展示工程。评选出一批传统文化乡镇、村落、街区和传统民居,许多县(市)建成历史文化展示馆,以"留住乡村记忆"为主题的村史馆遍地开花,为地方乡村振兴、脱贫致富构筑起精神高地。

(四)教育普及方面的"两创"

打造在全国具有广泛影响力的传统文化传播节目《国学小名士》,至今已开办 7 届。成功举办两届"国际中学生儒学辩论大会",带动全社会形成读经典的浓厚氛围。《中华优秀传统文化故事会故事集》系列丛书和光盘发行,中华优秀传统文化故事会进校园活动暨"蓓蕾艺术工作站"建设圆满完成,大型系列文化纪录片《齐鲁家风》在中央电视台播出并引起强烈反响。陆续出版中华优秀传统文化大众化系列读物,完成《孔孟正源》《儒道同源》《公道文源》"文化三源"丛书。

强化各级各类学校传统文化教育。组织编写中华优秀传统文化教材,将中华优秀传统文化纳入中小学地方课程,2014 年制定了《关于推进全省高校中华优秀传统文化教育工作的意见》,山东成为全国第一个在小学、初中和普通高中三个学段全面开设中华优秀传统文化课程的省份。截至 2019 年底,全省本科高校共开设传统文化课程 2200 余门,其中必修课 800 余门、选修课 1400 余门,每年上课总人数达 50.6 万余人。启动实施中华优秀传统文化传承弘扬(教育)工程,设立山东省教师优秀传统文化教育基地,70 所中小学入选全国中小学中华优秀传统文化传承学校。组织开展戏曲、诗词、书画、高雅艺术、传统体育、中医文化进校园等丰富多彩的主题教育实践活动,将优秀传统文化融入师生的学习生活和德性养成之中。深入开展中华经典诵读工程,连续举办"论语大会""中华传统美德进校园"和"礼敬中华优秀传统文化"等活动。实施"戏曲进校园"计划,累计进校园演出 300 余场。

(五)公共文化事业方面的"两创"

2019 年 5 月启动实施尼山世界文明论坛配套提升工程三年行动计划,已完成投资约 40 亿元,一般公共预算和政府债券安排 3.8 亿元,着力打造"南有博鳌、北有尼山"的国际级论坛。2019 年 8 月 25 日,尼山世界儒学中心在孔子诞生地山东曲阜揭牌成立,成为与尼山世界文明论坛、国际孔子文化节、世界儒学大会等重大文化活动齐名的国际儒学研究交流平台。

广大文艺工作者以文艺创作推动文化传承,创作了一大批优秀传统文化题材的文艺作品。例如,推出了大型文化纪录片《齐鲁家风》、大型历史文化纪录片《战国大学堂之稷下学宫》和长篇纪实文学《渔灯》,推出长篇小说传统文化题材三部曲《君子梦》《双手合十》《乾道坤道》,以及大型话剧《孔子》等一批优秀的传统文化题材文艺作品,完成长篇纪实文学《黄河传》,推动形成"齐鲁画派",创作推出长卷《孔子周游列国图》等一批优秀作品。

山东省教育厅设立了一批中华优秀传统文化传承基地,立项建设 20 个传统文化方面的人文社科研究基地。2019 年,山东大学联合曲阜师范大学申报的儒家文明协同创新中心被教育部认定为省部共建协同创新中心。"尼山圣境""孔子博物馆"等重大工程相继建成开放。

(六)文化产业发展方面的"两创"

为激活传统文化的生机与活力,山东省努力把传统文化的潜在优势转换成现实的产业优势和经济优势,积极推动传统文化融入文化产业发展。把文化创意产业列为全省新旧动能转换"十强"产业之一,设立 100 亿元的文化产业投资母基金。

文化产业成为新旧动能转换的动力。山东省先后承办了五届中国非遗博览会,交易额均突破 400 亿元。大力振兴山东传统工艺,建立了 12 大类别 89 个传统工艺项目,全省现有3 个国家级、68 个省级非遗生产性保护示范基地,带动 23 万人就业。全省共有各类传统工艺类企业和经营业户 120 多万个,年营业收入 1700 多亿元,利税 160 多亿元,直接从业人员390 余万人。探索"互联网＋非遗""互联网＋传统工艺"模式,全省有 5661 个非遗活跃电商,打造创新型手工艺企业 1996 家。

创建了一批富有活力的文化产业示范园区。曲阜新区文化产业园列入国家级文化产业示范园区名单,台儿庄古城文化产业园被命名为国家级文化产业试验园区,青岛市文化街、淄博东夷齐文化发展有限公司、周村古商城旅游发展有限公司、嘉祥石雕文化产业园等 14家单位上升为国家级文化产业示范园区示范基地,为传统文化"两创"提供了持续动力。

(七)实践养成方面的"两创"

深入推行省、市、县级公共图书馆"图书馆＋书院"模式。全省建成尼山书院 154 个、城市社区儒学讲堂 1604 余个、乡村儒学讲堂 2.2 万个。建成了全球孔子学院总部体验基地,设立了尼山圣境景区体验式项目,一改往日走马观花式的研学游模式,结合情境极大拓展传统文化体验。

组织开展中华优秀传统文化故事会征集工作。面向全国征集评选优秀故事 700 篇,出版书籍 8 册、光盘 2 册,在全省遴选、建设蓓蕾艺术工作站 1630 个,每年开展故事会传播和艺术普及活动 15000 多场。

（八）交流传播方面的"两创"

努力加快文化"走出去"步伐，发挥资源优势，创新传播方式，把打造展示中华文明的重要窗口作为文化强省建设的重要目标，构建了全方位、多层次、宽领域的对外传播格局。

不断扩大中华优秀传统文化的影响。继续打造提升"孔子故乡·中国山东"品牌，连续举办四届"齐文化与稷下学高峰论坛"、四届"中英世界足球文化高峰论坛"和一届"海峡两岸齐文化节论坛"、一届"中国—希腊古典文明高峰论坛"等学术活动。积极开展对外文化交流。5 年来全省举办文物外展 54 个，展览文物总数 1100 件（组）。组织 370 多个非遗项目、900 多名非遗传承人，赴法国、澳大利亚、埃及、泰国等近 40 个国家和地区开展文化交流。连续多年赴海外举办"欢乐春节"活动，打造"山东文化年""孔子文化周""孔子文化展""齐鲁文化丝路行"等系列活动，不断提升齐鲁文化的对外影响力。

参考文献

[1]郑峰.体育文化促进山东半岛融入"一带一路"倡议研究[M].青岛:中国海洋大学出版社,2022.

[2]樊光湘,樊步青,刘畅.红色文化蕴青州[M].北京:线装书局,2022.

[3]孙小荣工作室.全域旅游创新发展的山东实践[M].北京:中国旅游出版社,2022.

[4]肖建红.群岛旅游资源非使用价值估值研究[M].北京:中国社会科学出版社,2022.

[5]张伟.山东文化发展报告2021构建山东文化发展新格局[M].北京:社会科学文献出版社,2021.

[6]杨翠兰.山东半岛海洋文化面面观[M].北京:现代出版社,2020.

[7]王慧卿.区域文化生态及可持续发展研究[M].长春:吉林人民出版社,2020.

[8]关志鸥.齐心鲁力[M].济南:山东文艺出版社,2020.

[9]张炎.儒风望岳[M].北京:中国轻工业出版社,2020.

[10]山东省商务厅,山东省商务发展研究院编.山东开放40年[M].济南:山东大学出版社,2019.

[11]《发现者旅行指南》编辑部.山东[M].北京:旅游教育出版社,2016.

[12]刘璟.青岛蓝色经济区发展战略研究[M].青岛:中国海洋大学出版社,2016.

[13]韩立民.山东海洋经济发展研究[M].青岛:中国海洋大学出版社,2015.

[14]中华人民共和国第十一届运动会组委会.看山东[M].济南:齐鲁书社,2009.

[15]山东省统计局,国家统计局山东调查总队.山东统计年鉴2020总第32期[M].北京:中国统计出版社,2020.

[16]张文珍,王凤青.山东省文化创意产业问题研究[M].济南:山东人民出版社,2010.

[17]谭鹏.青岛市旅游产业发展战略研究[M].青岛:中国海洋大学出版社,2018.

[18]韩立民.青岛市"一带一路"发展战略研究[M].青岛:中国海洋大学出版社,2019.

[19]刘怀荣.青岛文化研究 第3辑[M].青岛:中国海洋大学出版社,2018.

[20]青岛市社会科学界联合会.青岛智库报告2018版[M].青岛:中国海洋大学出版社,2018.

[21]蒋海升.人文山东[M].济南:山东人民出版社,2018.

[22]吕铭康. 青岛与曲艺 人文青岛[M]. 青岛:青岛出版社,2018.

[23]栾纪曾,郑锐. 山东文化旅游融合发展丛书 蓝色文化 青岛[M]. 济南:山东友谊出版社,2012.

[24]吕铭康. 青岛艺海[M]. 青岛:青岛出版社,2019.